本気（マジ）の

ワンパンパスタ

リュウジ

扶桑社

ワンパンパスタは本気（マジ）でウマい！

パスタは、10代の頃から作り続けている得意料理のひとつ。

僕は常に新しい料理を目指しているから、基本的に同じものは作らないんですけど、パスタに関しては別。酔ったときにも無意識に作っちゃうみたいで、あとから「昨日またカルボナーラを作ってたよ」なんて聞くこともよくあります。

そんなパスタ好きの僕が今、超ハマっているのが"ワンパンパスタ"。

動画でもいろいろなパスタを紹介してきたけど、僕はこのワンパンパスタ、かなりおいしい作り方だと思うんです。ワンパンパスタのいいところは洗い物が少ないっていうのもあるけど、それは副産物で、とにかくウマい！ ソースにパスタの小麦が溶け出してとろみが出るから、全体的に一体感が出る。そしてパスタ自体には、ソースの旨味がつくんです。

ワンパンパスタは簡単だけど、ポイントを押さえないと難しく感じるかもしれません。べちゃべちゃになったり、かたすぎたり、焦がしちゃったり……おいしく作るには実はそれなりのコツが必要です。だから、この本には僕なりに試行錯誤して極めた絶品レシピを集めました。水分がなくなるタイミングでちょうどよく火が入るのが、ワンパンパスタの基本。コツをつかむまでは、どのくらい煮つめたらいいのか、わからないと思いますが、慣れたらこんなに便利でおいしいレシピはありません。

フライパンひとつでできるお手軽パスタ。ぜひ、その魅力を満喫してください。

ワンパンパスタのココがいい！

だれでも失敗なくおいしい

難しい工程は一切なし！
基本的に材料を順に
入れていくだけでできるから、
料理に慣れていない人でも
チャレンジしやすい。

思いたったらすぐできる

フライパンひとつ、
しかもほとんどがいつもの
材料でできるから、
食べたいときに気軽に作れる。
家飲みの〆にパパッと作れば、
尊敬の目で見られること
間違いなし！

少ない材料でも旨味たっぷり

パスタの
おいしいゆで汁はもちろん、
素材や調味料の旨味を
余すことなく煮つめることで、
最高のソースが完成！

洗い物が少なくてラク

パスタをゆでる大きな鍋が
いらないだけでも、
洗い物のハードルが
ぐんと下がる。
もちろんエコにもなるし、
一石二鳥！

ワンパンパスタ
きほんのき

「パスタをゆでる」と「ソースを作る」を
フライパンひとつで完結させるために、
まずはこれだけ押さえておこう

パスタ

麺はつるつるしたタイプ（「マ・マー」
や「バリラ」など）を選ぶこと。本書で
は、1.4mmと1.6mmの2種類の太さが
登場。100gずつ束になっているもの
だと、1人分がわかりやすくて便利。

フライパン

1人分100gのパスタなら、いつもよ
り小さめの直径20cmのフライパンを
チョイス。
本書はすべてこのサイズを使用してい
ます。2人分作るときは、大きめの直
径24cmのフライパンを使います（下
記参照）。

スケール、計量カップ、計量スプーン

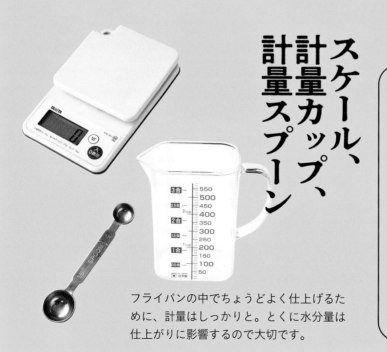

フライパンの中でちょうどよく仕上げるた
めに、計量はしっかりと。とくに水分量は
仕上がりに影響するので大切です。

2人分（倍量）作るなら

●水の量は1.6倍、それ以外の材料を
　すべて2倍にすればOK
●フライパンは少し大きめの直径24
　cmを使用

パスタのゆで方

ワンパンパスタで使うフライパンは思ったより小さめ。
本当に入るの!?と思うかもしれないけど、
ちゃんと収まるのでご安心を!

1 パスタを束の状態で、フライパンに立てて入れる。

2 麺の先からだんだんやわらかくなってくるので、上からゆっくり押していく。

それでもフライパンから
はみ出たら、トングなどで
中に入れちゃってください。
はみ出ると焦げます!

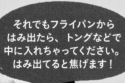

3 静かに手を離す。

パスタの太さを変えたいときは

パスタの太さは好みで変えてOK! この本では下記の表を目安にしています。パスタの太さを変えるときは、これを目安に煮る時間や水分量を調整してみてください。

パスタの太さ	1.4mm	1.6mm
パスタの量	100g	100g
煮る時間	5分	7分
水分量	320mℓ	350mℓ

ソースの水分調整は?

ソースの水分量がワンパンパスタの決め手。基本は、レシピの加熱時間で水分を飛ばし、大さじ1〜2くらいの煮汁を目指します。

● 水分量が多い場合は、
  強火で飛ばす

● 水分量が少ない場合は、
  水をたす

で調整すればOK。使用するフライパンや火加減によっても変わるので、何度か作って感覚をつかんでください。

CONTENTS

PART 1

迷わず食べて！

僕の好きな定番パスタ

PART 2

何度も食べたい！

シンプルパスタ

チーズラヴァーに捧ぐレシピ！

たまにはリゾットもね

PART **3**

PART **4**

CONTENTS

PART 5 旬が楽しい！ 野菜ときのこのパスタ

たまには糖質オフ！ 超痩せパスタ

PART 6 あと1品ほしい！ときの おかずとスープ

サブおかず

スープ&汁物

本書の使い方

＊大さじ1は15㎖、小さじ1は5㎖です。いずれもすりきりで量ります。

＊しょうゆは濃口しょうゆ、砂糖は上白糖、バターは有塩のものを使用しています。

＊白だしは塩分10%のものを使用しています。

＊酒は塩分を含まない清酒、みそはだし入りでないものを使用しています。

＊にんにく、生姜はチューブ入りではなく、生のものを使用しています。できれば生のものを使用してください。

＊火加減はとくに表記がない場合、すべて中火で調理、加熱してください。

＊電子レンジの加熱時間は600Wで算出しています。500Wの場合は1.2倍の時間を目安にしてください。

＊電子レンジで加熱する時間はメーカーや機種によっても異なりますので、様子を見て加減してください。
また、加熱する際は、付属の説明書に従って、耐熱の器やボウルを使用してください。

＊かつお粉：かつお節3gを耐熱容器に入れて電子レンジ（600W）で50秒加熱し、粉にします。

 レシピページにあるコードを
スマホなどで読み込めば、
レシピの動画が見られます

パスタの盛りつけ方

お店のようなワンランク上の見た目にチャレンジ！
高く盛りつけることで、見た目はもちろん
冷めにくくなる利点も。まず、パスタを盛ってから、
具材やソースをのせるとうまくいきます

1 パスタは2〜3回に分けて盛るイメージで、1盛り目をトングで皿の上に。

2 トングをひねってパスタを回転させる。初心者は皿を回転させると簡単。

3 2を繰り返してパスタをすべて盛る。

4 最後に具材やソースをバランスよくのせて完成！

あると便利な道具

菜箸トング

菜箸とトングのいいとこ取りの便利なヤツ。材料を炒める、混ぜる、そして盛りつけまで、ワンパンパスタでは最初から最後まで大活躍。

ゴムべら

フライパンに残ったソースを残さず盛りつけるのに、ぜひ用意してほしいもののひとつ。とくにクリーム系のパスタでは力を発揮します。

味つけが決まる調味料

この本で使った味の決め手になる調味料を紹介。写真左から解説。

味の素
うま味調味料として使用。

ほんだし
和風の味つけに。

オイスターソース
コクのある中華味に。

これ！うま!!つゆ
上品な和風味に。白だしで代用可。

PART 1

迷わず食べて！

僕の好きな定番パスタ

ミートソースにナポリタン、ペペロンチーノまで、
みんなが知ってる、そして僕が大好きな
こだわりの定番パスタが大集合！
まずはここから作って、
ワンパンパスタの魅力に目覚めてほしい

至高を超えたボロネーゼ

史上最強の肉パスタ参上！
じっくり煮込んだような本格味

材料 （1人分）

パスタ (1.6mm)…100g

炒める

オリーブオイル…小さじ1
合いびき肉…100g
　→味つき塩こしょうをふる
にんにく…1かけ (5g)　→みじん切り
玉ねぎ…¼個 (50g)　→みじん切り
赤ワイン…100ml
トマト缶 (ホール)…¼缶 (100g)

煮る

```
  ┌ 水…350ml
A │ 顆粒コンソメ…大さじ½
  └ 塩…小さじ¼
```

仕上げる

ナツメグ…3ふり
バター…10g
こしょう、粉チーズ…各適量

POINT!
**赤ワインとトマト缶は
加えるごとに、
それぞれしっかり
煮つめるのがコツ**

作り方

1 具材を炒める

フライパンにオリーブオイルを熱し、ひき肉を炒める。にんにく、玉ねぎを加えてしっかりと炒め、赤ワインを注いで水分がなくなるまで煮つめる。トマト缶を加え、つぶしながらさらに炒めてペースト状にする。

**ワインを
煮つめて**

2 パスタを加えて煮る

Aを加えて沸かし、パスタを加えて7分煮る。

3 仕上げる

水分がなくなったら、ナツメグとバターを加えて混ぜ、器に盛り、こしょうと粉チーズをふる。

材料 （1人分）

パスタ（1.6mm）… 100g

炒める

オリーブオイル… 大さじ1
にんにく… 1かけ（5g）　→みじん切り
ベーコン… 35g　→短冊切り

煮る

A ┌ 水… 350mℓ
　├ 塩… 小さじ1/3
　└ 味の素… 4ふり

仕上げる

チェダーチーズ（スライス）… 40g
　　→ちぎる
溶き卵… 1個分
こしょう… 適量

作り方

1 具材を炒める

フライパンにオリーブオイルを熱し、にんにく、ベーコンを炒める。

2 パスタを加えて煮る

Aを加えて沸かし、パスタを加えて7分煮る。

水分を飛ばす！

3 仕上げる

水分が少なくなったら、火を止めてフライパンを少し冷まし、チェダーチーズと溶き卵を加えて混ぜ、半熟状にする。器に盛り、たっぷりとこしょうをふる。

最高傑作 カルボナーラ

人生で一番おいしい
カルボナーラが完成しました！

POINT!

チーズと卵を加える
ときは、フライパンを
火から外してあおり、
少し冷ましておくと
うまくできる

15

至高を超えたナポリタン

喫茶店でもおなじみの日本生まれのウマいヤツ

材料 （1人分）

パスタ（1.6mm）…100g

炒める

サラダ油…小さじ1
ソーセージ…3本（60g）　→薄い斜め切り
にんにく…1かけ（5g）　→みじん切り
玉ねぎ…¼個（50g）　→薄切り
マッシュルーム…40g　→薄切り
A ┌ ケチャップ…大さじ3
　└ ウスターソース…小さじ1

煮る

B ┌ 水…360ml
　└ 顆粒コンソメ…小さじ⅔

仕上げる

C ┌ ケチャップ…小さじ2
　│ バター…10g
　└ ピーマン…30g　→細切り
こしょう、粉チーズ、乾燥パセリ
　…各適量

POINT!

**水分を飛ばしたあと、
最後に焼きつけるのが
このパスタを
ウマくするコツ**

作り方

1 具材を炒める

フライパンにサラダ油を熱し、ソーセージ、にんにく、玉ねぎを炒める。マッシュルームを加えてさらに炒め、**A**を加えて炒め合わせる。

2 パスタを加えて煮る

Bを加えて沸かし、パスタを加えて7分煮る。

3 仕上げる

水分がなくなったら、**C**を加えて焼きつける。器に盛り、こしょうと粉チーズ、パセリをふる。

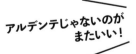

アルデンテじゃないのがまたいい！

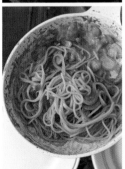

材料 （1人分）

パスタ（1.4mm）… 100g

炒める

オリーブオイル… 大さじ1
ソーセージ… 4本（80g）　→薄い斜め切り
にんにく… 3かけ（15g）　→みじん切り
赤唐辛子… 1本　　→輪切り

煮る

A ┌ 水… 330mℓ
　│ しょうゆ… 小さじ½
　│ 塩… 小さじ⅓
　└ 味の素… 4ふり

仕上げる

オリーブオイル… 大さじ½
乾燥パセリ… 適量

POINT!
ソーセージを
香ばしく炒めて
カリッとさせるのが
秘けつ

作り方

1 具材を炒める

フライパンにオリーブオイルを熱し、ソーセージをカリッと炒める。弱火にしてにんにくを入れて色づくまで炒め、赤唐辛子を加えて炒める。

2 パスタを加えて煮る

Aを加えて沸かし、パスタを加えて5分煮る。

パスタがしなってくる！

3 仕上げる

オリーブオイルをからめて器に盛り、パセリをふる。

これ、酒のつまみにいいんだよ！

焦がし
ソーセージの
ペペロンチーノ

僕が10代の頃から作ってる
イタリア人も感動する!?パスタ

材料 （1人分）

パスタ（1.4mm）… 100g

炒める

オリーブオイル… 大さじ1
にんにく… 2かけ（10g）
　→みじん切り
ブロッコリー… 正味100g
　→みじん切り

煮る

A
「水… 350mℓ
　ナンプラー… 小さじ2/3
　塩… 小さじ1/3
　味の素… 3ふり
B
「赤唐辛子… 1本
　しらす干し… 25g

仕上げる

オリーブオイル… 適量

作り方

1 具材を炒める

フライパンにオリーブオイルを熱し、にんにくを炒める。ブロッコリーを加えてさらに炒める。

2 パスタを加えて煮る

Aを加えて沸かし、ブロッコリーを軽くつぶしてからパスタとBを加え、5分煮る。

3 仕上げる

水分がなくなったら器に盛り、オリーブオイルを回しかける。

POINT!
本場は
アンチョビのところ、
ナンプラーとしらすで
魚介の旨味を
プラスする

無限ブロッコリーパスタ

イタリアのプーリア地方のパスタをワンパンで。ブロッコリーが絶品！

塩ペスカトーレ

塩辛が味出しと具の両方を
兼ね備えたすばらしい働き

材料 （1人分）

パスタ (1.4mm)…100g

炒める

オリーブオイル…大さじ1
にんにく…2かけ (10g) →みじん切り
玉ねぎ…1/4個 (50g) →薄切り
イカの塩辛…大さじ1と1/2
酒…大さじ2

煮る

A
┌ 水…350㎖
│ シーフードミックス…100g
│ →塩水で解凍する
│ 昆布茶…小さじ1/2
│ 塩…小さじ1/3
└ こしょう…適量

仕上げる

オリーブオイル…大さじ1
乾燥パセリ…適量

作り方

1 具材を炒める

フライパンにオリーブオイル
を熱し、にんにくを炒める。
玉ねぎ、塩辛を加えてさらに
炒めたら、酒を加えてアルコ
ール分を飛ばす。

2 パスタを加えて煮る

Aを加えて沸かし、パスタを
加えて5分煮る。

3 仕上げる

水分がなくなったら、オリー
ブオイルをからめて器に盛り、
パセリをふる。

POINT!
昆布茶がなければ、
味の素4ふりと
塩を増やして小さじ
1/2にしてもOK！

至高の
ボンゴレロッソ

あさりのおいしさを
逃さず味わう一品

材料 (1人分)

パスタ（1.6mm）… 100g

炒める

オリーブオイル…大さじ1
にんにく… 2かけ（10g）　→みじん切り
赤唐辛子… 1本　→輪切り
あさり（殻つき）… 150g　→砂抜きする
酒…大さじ2

煮る

A ┌ トマト缶（ホール）… ½缶（200g）
　└ 砂糖…小さじ1
　┌ 水… 320㎖
B ｜ 塩…小さじ½
　└ 味の素… 3ふり

仕上げる

オリーブオイル…大さじ½

POINT!

あさりは火をとおしすぎると
かたくなるので一度
取り出す。⅔は殻から身を
外して仕上げに戻すと
パスタともからみやすい

作り方

1 具材を炒める

フライパンにオリーブオイルを熱し、
にんにく、赤唐辛子を炒める。あさ
りを加えて酒をふって沸かし、あさ
りの口がひらいたら取り出す。あさ
りは⅓量だけ殻つきで残し、残り
は殻を外しておく。

2 パスタを加えて煮る

1のフライパンに**A**を入れてトマト
をつぶしながら炒める。**B**を加えて
沸かし、パスタを加えて7分煮る。

水分を
飛ばす！

3 仕上げる

1のあさりを戻し入れてオリーブオ
イルをからめ、器に盛る。

豆乳きのこクリームパスタ

豆乳×クリームチーズで超クリーミー！
そのおいしさは悶絶級

POINT!
きのこは
好きなものを
組み合わせて
使ってOK

材料 （1人分）

パスタ (1.6mm)… 100g

炒める

バター… 10g
ベーコン… 35g　→短冊切り
好みのきのこ (今回はまいたけ)
　… 100g　→ほぐす

煮る

A
水… 250ml
顆粒コンソメ… 大さじ½
塩… ひとつまみ

豆乳 (無調整)… 200ml

仕上げる

クリームチーズ… 35g
こしょう… 適量

作り方

1 具材を炒める

フライパンにバターを溶かし、ベーコンときのこを炒める。

2 パスタを加えて煮る

Aを加えて沸かし、パスタを加えて5分煮る。豆乳を加えてさらに2分煮る。

3 仕上げる

クリームチーズを加えて溶かし、器に盛り、こしょうをふる。

カニかまの豆乳トマトクリームパスタ

人気のトマトクリームもジュースを使えば超お手軽

POINT!
カニかまはバターで炒めてコクと旨味を引き出す。豆乳は仕上げに加えれば分離しない

材料 （1人分）

パスタ (1.4㎜) … 100g

炒める

バター … 10g
カニかま … 40g　→手で裂く

煮る

A ┌ 水 … 220㎖
　├ トマトジュース (無塩)
　│ … 100㎖
　├ 顆粒コンソメ … 大さじ½
　└ 塩 … ひとつまみ
豆乳 (無調整) … 100㎖

仕上げる

こしょう … 適量

作り方

1 具材を炒める

フライパンにバターを溶かし、カニかまを炒める。

2 パスタを加えて煮る

Aを加えて沸かし、パスタを加えて4分30秒煮る。豆乳を加え、沸騰させる。

3 仕上げる

器に盛り、こしょうをふる。

材料 (1人分)

パスタ (1.4mm)… 100g

炒める

オリーブオイル…大さじ1

にんにく…2かけ (10g)
→みじん切り

赤唐辛子…2本

ベーコン…35g →短冊切り

A ┌ トマト缶 (ホール)
  │   …½缶 (200g)
  │ 顆粒コンソメ、はちみつ
  │   …各小さじ1
  └ 塩…ふたつまみ

煮る

水…350mℓ

仕上げる

オリーブオイル…大さじ½

作り方

1 具材を炒める

フライパンにオリーブオイルを熱し、にんにく、赤唐辛子を焦げるくらいまで炒める。ベーコンを加えて炒め、Aを加えてトマトをつぶしながら煮つめる。

2 パスタを加えて煮る

分量の水を注いで沸かし、パスタを加えて5分煮る。

3 仕上げる

水分がなくなったらオリーブオイルをからめ、器に盛る。

至高を超えた究極のアラビアータ

また食べたくなる！辛味がしっかり効いたピリ辛トマト味

POINT!
味変でタバスコをかけてもウマい。はちみつがなければ砂糖でもよい

PART 2

何度も食べたい！

シンプルパスタ

卵や納豆、ツナなど、コンビニでも手に入る
お手軽食材をフル活用！
思いたったらパパッと作れる、
シンプルだけど絶対ウマい、
ワンパンパスタのオンパレード！

ウルトラ ガーリックパスタ

にんにく好きにはたまらない！増し増しでパワー全開

材料 （1人分）

パスタ (1.4mm)…100g

炒める

オリーブオイル…大さじ1
にんにく…1かけ (5g)　→薄切り
にんにく…5かけ (25g)
　→つぶして半分に切る
赤唐辛子…1本　→輪切り

煮る

A ┌ 水…350ml
　├ ナンプラー…小さじ1
　├ 塩…小さじ⅓
　└ ハイミー (または味の素)…6ふり

仕上げる

オリーブオイル…大さじ½
乾燥パセリ…適量

作り方

1 具材を炒める

フライパンにオリーブオイルを熱し、薄切りのにんにくを炒め、ガーリックチップにして取り出す。あいたフライパンで残りのにんにくを炒め、赤唐辛子も入れて炒める。

2 パスタを加えて煮る

Aを加えて沸かし、パスタを加えて5分煮る。

3 仕上げる

水分がなくなったらオリーブオイルを加え、**1**のガーリックチップを戻し入れてあえる。器に盛り、パセリをふる。

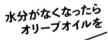
**水分がなくなったら
オリーブオイルを**

POINT!
**ゴロゴロにんにくと
ガーリックチップの
ダブル使いが決め手**

材料 （1人分）

パスタ (1.6mm)… 100g

煮る

A
┌ 水… 350mℓ
│ コーン缶… ½缶 (95g)
│ ツナ缶 (油漬け)
│   … ½缶 (35g)
│ 顆粒コンソメ… 小さじ1と⅓
└ 砂糖… ひとつまみ

仕上げる

バター… 10g
しょうゆ… 大さじ½
こしょう、乾燥パセリ
　… 各適量

作り方

1 パスタを煮る

フライパンに**A**を入れて沸かし、パスタを加えて7分煮る。

2 仕上げる

バターとしょうゆをからめて器に盛り、こしょうとパセリをふる。

POINT!
バターじょうゆ味が
コーンの甘味にマッチ。
ツナ缶は缶汁を
きらずに使ってOK

悪魔の ツナコパスタ

買い置きの食材で作れる、
包丁いらずのありがたいヤツ

レッドカルボナーラ

人気のカルボナーラをピリ辛トマト味にアレンジ

材料 （1人分）

パスタ（1.6mm）… 100g

炒める

オリーブオイル…大さじ1
にんにく…2かけ（10g）　→みじん切り
赤唐辛子…1本　→輪切り
ベーコン…40g　→短冊切り
玉ねぎ…1/8個（25g）　→薄切り

A
┌ トマト缶（ホール）…1/4缶（100g）
│ 顆粒コンソメ、ケチャップ
│ 　…各小さじ1
└ 塩…ひとつまみ

煮る

水… 360ml

仕上げる

B
┌ ピザ用チーズ… 30g
└ 溶き卵… 1個分
塩、こしょう、タバスコ、
　乾燥パセリ…各適量

作り方

1 具材を炒める

フライパンにオリーブオイルを熱し、にんにく、赤唐辛子、ベーコン、玉ねぎを炒める。Aを加えてトマトをつぶしながら煮つめる。

2 パスタを加えて煮る

分量の水を注いで沸かし、パスタを加えて7分煮る。

3 仕上げる

水分がなくなったら、火を止めてフライパンを少し冷まし、混ぜ合わせたBを加えて混ぜ、半熟状にする。塩、こしょうで味をととのえて器に盛り、タバスコとパセリをふる。

POINT!
トマト缶はしっかり煮つめて、旨味を凝縮させる

31

レモン クリームパスタ

さわやかな酸味がうれしい 人気パスタもワンパンで簡単に完成!

材料 (1人分)

パスタ (1.6㎜) … 100g

煮る

A ┌ 水 … 350㎖
  │ 顆粒コンソメ … 大さじ½
  └ 塩 … ひとつまみ

仕上げる

B ┌ 生クリーム … 100㎖
  └ レモン汁 … 小さじ2 (½個分)
こしょう (あれば白こしょう) … 2ふり
バター … 10g
レモンの皮 … ½個分
レモン … 適量　→薄い半月切り

作り方

1 パスタを煮る

フライパンに**A**を入れて沸かし、パスタを加えて7分煮る。

2 仕上げる

水分がなくなったら**B**を加え、とろみがついたら、こしょうとバターを加えてからめる。レモンの皮をおろし入れ、器に盛り、レモンを飾る。

レモンの皮をすりおろす

POINT!
レモンの皮は
よく洗ってから使う。
できれば
防腐剤不使用の
ものを使って

POINT!
パスタをゆでた
フライパンでソースを
からめれば
洗い物の手間なし

大葉のジェノベーゼ

バジルならぬ大葉で！身近な素材で作れるのがよい

材料 （1人分）

パスタ（1.4mm）… 100g

ソース

大葉… 10枚

A
┌ ピザ用チーズ… 20g
│ オリーブオイル
│ 　… 大さじ1と⅓
│ すりごま… 8g
│ 塩… ひとつまみ
└ 味の素… 5ふり

ゆでる

塩… 適量

仕上げる

塩、大葉… 各適量

作り方

1 ソースを作る

ミキサーかブレンダーに大葉とAを入れて攪拌する。

2 パスタをゆでる

フライパンに湯（分量外）を沸かして塩を加え、パスタを5分ゆでる。

3 仕上げる

ゆで汁大さじ4を残して湯をきり、1を加えてからめ、火にかけてとろりとさせる。塩で味をととのえて器に盛り、大葉を飾る。

大葉のバタースパゲティ

材料 （1人分）

パスタ（1.4mm）… 100g

炒める

オリーブオイル… 小さじ1
にんにく… 2かけ（10g）　→みじん切り
ツナ缶（油漬け）… 1/2缶（35g）

煮る

A
```
水… 320mℓ
酒… 大さじ1
顆粒コンソメ… 小さじ1
```

仕上げる

大葉… 5枚　→千切り
バター… 10g
大葉（トッピング用）… 適量
　→千切り
しょうゆ… 適量

作り方

1 具材を炒める

フライパンにオリーブオイルを熱し、にんにくを炒め、ツナ缶を加えてさらに炒める。

2 パスタを加えて煮る

Aを加えて沸かし、パスタを加えて5分煮る。

3 仕上げる

水分がなくなったら、大葉とバターを加えて混ぜる。器に盛り、トッピング用の大葉をのせてしょうゆを回しかける。

POINT!
大葉は火をとおしすぎないように、仕上げに加えて風味を生かす

納豆ぺぺたま

納豆をぺペロンチーノ味に仕立てた自信作！

材料 （1人分）

パスタ（1.4mm）… 100g

炒める

オリーブオイル… 小さじ2
にんにく… 1かけ（5g）　→みじん切り
赤唐辛子… 1本　→輪切り

煮る

A ┌ 水… 300㎖
　│ これ！うま!!つゆ（または白だし）、
　│　　酒… 各大さじ1
　└ 塩… ひとつまみ

仕上げる

B ┌ 納豆… 1パック
　│　　→付属のたれと辛子を混ぜる
　└ 卵… 1個
バター… 8g
刻みねぎ、乾燥パセリ… 各適量

POINT!

卵は納豆を混ぜてから
パスタにからめれば、
均一に火が入って
なめらかになる

作り方

1 具材を炒める

フライパンにオリーブオイルを熱し、にんにく、赤唐辛子を炒める。

2 パスタを加えて煮る

Aを加えて沸かし、パスタを加えて5分煮る。

3 仕上げる

混ぜ合わせたBとバターを加え、弱火で半熟状にする。器に盛り、刻みねぎとパセリを散らす。

タルボナーラ

"タルタルソース"と"カルボナーラ"、夢のコラボが実現

POINT!
パスタと一緒にゆでて、ゆで卵を作る手間を省略。味つけは、どこかマ●ドナルドのハンバーガーを感じるウマさ

材料 （1人分）

パスタ (1.4mm)…100g

炒める

オリーブオイル…小さじ1
ベーコン…35g　→短冊切り

煮る

A ┌ 水…330mℓ
　├ 顆粒コンソメ…小さじ1
　└ 塩…ひとつまみ
卵…1個

仕上げる

B ┌ 玉ねぎ…¼個 (50g)　→みじん切り
　├ マヨネーズ…大さじ2
　└ ケチャップ…大さじ½
こしょう、乾燥パセリ…各適量

作り方

1 具材を炒める

フライパンにオリーブオイルを熱し、ベーコンを炒める。

2 パスタを加えて煮る

Aを加えて沸かし、パスタを加えて2分煮たら卵を割り入れ、水分がなくなるまで煮る。

入れたら卵は触らない

3 仕上げる

Bを加えて卵をくずすように混ぜる。器に盛り、こしょうとパセリをふる。好みでタバスコをかけても。

材料 （1人分）

パスタ (1.4mm)… 100g

炒める

オリーブオイル… 大さじ1
にんにく… 2かけ (10g)　→みじん切り
赤唐辛子… 2本　→輪切り

煮る

```
┌ 水… 320ml
A 塩… 小さじ⅓
└ 味の素… 5ふり
```

仕上げる

オリーブオイル… 小さじ2
ゆで卵… 1個　→殻をむく
乾燥パセリ、しょうゆ… 各適量

作り方

1 具材を炒める

フライパンにオリーブオイルを熱し、にんにくを炒め、赤唐辛子を加えてさらに炒める。

2 パスタを加えて煮る

Aを加えて沸かし、パスタを加えて5分煮る。

3 仕上げる

水分がなくなったら、オリーブオイルをからめて器に盛り、ゆで卵をすりおろしてかける。パセリをふり、しょうゆを回しかける。

ゆで卵のペペロンチーノ

ミモザサラダみたいな華やかな見た目が新鮮

POINT!
ゆで卵は刻まずにおろすと口当たりもやわらかくなる

POINT!
水分が少なく
ならないように、
煮るときはふたをする。
パン粉を加えることで
とろみがつく

かき玉スープパスタ

イタリアの卵のスープをパスタに仕立てて楽しむ

材料 （1人分）

パスタ（1.4㎜）… 100g

煮る

A
┌ 水 … 500㎖
│ 顆粒コンソメ … 小さじ2と½
└ しょうゆ … 小さじ1

仕上げる

B
┌ パン粉 … 大さじ1と½
└ ピザ用チーズ … 35g
溶き卵 … 1個分
こしょう、オリーブオイル … 各適量

作り方

1 パスタを煮る

フライパンにAを入れて沸かし、パスタを加えてふたをして5分煮る。

2 仕上げる

Bを加え、溶き卵を流し入れる。器に盛り、こしょうをふってオリーブオイルを回しかける。

チーズクリームスープパスタ

肉も野菜もしっかりとれて大満足の一品

POINT!
溶かしバター＋
小麦粉をとろみの素にする
フレンチのワザを活用。
ほうれん草は
根もおいしいので
四つ割りにして使う

材料 （1人分）

パスタ（1.6mm）… 100g

炒める

ソーセージ… 2〜3本（50g）　→薄い斜め切り

煮る

A ┌ 水… 300ml
　└ これ！うま!!つゆ（または白だし）… 大さじ2

ほうれん草… 60g
　→ざく切りにして水にさらし、水気をきる

牛乳… 200ml

仕上げる

B ┌ 溶かしバター… 10g
　└ 薄力粉… 小さじ1

ピザ用チーズ… 35g

塩… ひとつまみ

こしょう… 適量

作り方

1 具材を炒める

フライパンでソーセージを炒める。

2 パスタを加えて煮る

Aを加えて沸かし、パスタを加えて6分煮る。ほうれん草を加えてなじませ、牛乳を注いで沸かす。

3 仕上げる

混ぜ合わせたB、ピザ用チーズを加えて塩で味をととのえ、とろみをつける。器に盛り、こしょうをふる。

トマトジュースで作る最高のスープパスタ

ジュースで煮込む、すべてのトマト好きに贈るパスタ

材料 （1人分）

パスタ（1.4mm）…100g

炒める

オリーブオイル…大さじ1
にんにく…2かけ（10g）
　　→みじん切り
ベーコン…40g　→短冊切り
玉ねぎ…1/4個（50g）　→薄切り
赤唐辛子…1本　→輪切り

煮る

A
┌ 水…300ml
│ トマトジュース（無塩）…200ml
│ 顆粒鶏ガラスープの素
│ 　…小さじ2と1/2
│ 塩…ひとつまみ
└ こしょう…適量

仕上げる

オリーブオイル、乾燥パセリ…各適量

作り方

1 具材を炒める

フライパンにオリーブオイルを熱し、にんにく、ベーコン、玉ねぎ、赤唐辛子を炒める。

2 パスタを加えて煮る

Aを加えて沸かし、パスタを加えてふたをして5分煮る。

3 仕上げる

器に盛り、オリーブオイルを回しかけてパセリをふる。

POINT!

旨味のつまったトマトジュースでパスタを煮込めるのもワンパンならでは

本当においしい クリームチーズのパスタ

**生クリームなしでもおいしさは抜群。
クリームチーズは最強！**

材料 （1人分）

パスタ（1.6mm）… 100g

炒める

オリーブオイル…大さじ1
ソーセージ…3本（60g）
　→薄い斜め切り
しめじ…50g　→ほぐす

煮る

```
　 水…350ml
A　顆粒コンソメ…小さじ1
　 塩…ふたつまみ
```

仕上げる

クリームチーズ…30g
こしょう…適量

POINT!

**クリームチーズは
火を止めてから加え、
余熱で溶かしながら
パスタとからめる**

作り方

1 具材を炒める

フライパンにオリーブオイルを熱し、
ソーセージとしめじを炒める。

2 パスタを加えて 煮る

Aを加えて沸かし、パスタを加えて
7分煮る。

3 仕上げる

水分がなくなったら火を止め、クリ
ームチーズを混ぜてからめる。器に
盛り、こしょうをふる。

悪魔のスモークカルボナーラ

材料 （1人分）

パスタ（1.6mm）… 100g

炒める

オリーブオイル… 大さじ1
ベーコン… 40g →短冊切り
にんにく… 1かけ（5g）
　　→みじん切り

煮る

A ┌ 水… 350㎖
　│ 顆粒コンソメ… 小さじ1
　└ 塩… ふたつまみ
スモークチーズ… 40g →輪切り

仕上げる

溶き卵… 1個分
こしょう… 適量

作り方

1 具材を炒める

フライパンにオリーブオイルを熱し、ベーコンとにんにくを炒める。

2 パスタを加えて煮る

Aを加えて沸かし、パスタを加えて4分煮る。スモークチーズを加えて溶かしながら2分煮て水分を飛ばす。

3 仕上げる

火を止めてフライパンを少し冷ましてから溶き卵を加え混ぜ、半熟状にする。器に盛り、こしょうをふる。

POINT!
スモークチーズはパスタを煮る途中で加え、溶かしてあえる。燻製独特の深みのある香りにそそられる

POINT!
角切りにしたチーズは
最後に加えて、
形を残すくらいが
おいしい

フレッシュトマトと ベビーチーズのパスタ

トマトの赤とチーズの白がきれいなおしゃれパスタ

材料 (1人分)

パスタ (1.4mm)…100g

炒める

オリーブオイル…大さじ1
にんにく…2かけ (10g)　→みじん切り
ベーコン…40g　→短冊切り
トマト…1個 (160g)　→ざく切り

煮る

```
┌ 水…320㎖
A 顆粒コンソメ…小さじ1
└ 塩…ひとつまみ
```

仕上げる

オリーブオイル…大さじ½
こしょう…適量
プロセスチーズ…40g　→角切り

作り方

1 具材を炒める

フライパンにオリーブオイルを熱し、にんにくとベーコンを炒める。トマトを加えてよく炒める。

2 パスタを加えて煮る

Aを加えて沸かし、パスタを加えて5分煮る。

3 仕上げる

水分がなくなったらオリーブオイルとこしょうを加えてあえ、プロセスチーズを加えてさっと混ぜる。器に盛り、こしょうをふる。

僕の作るリゾットは絶品！ 生米を使ったリゾットは、
みんなで飲んでいると作ってしまう好きな料理のひとつ。
パスタとはまた違ったおいしさが魅力

超チーズリゾット

濃厚なチーズ風味は
だれもがおいしい！と絶賛

材料 （1人分）

米… 90g　※洗わない
オリーブオイル… 小さじ1
玉ねぎ… ¼個（50g）
　→みじん切り
A ┌ 熱湯… 100㎖
　└ 顆粒コンソメ… 小さじ2
熱湯… 200〜300㎖
牛乳… 150㎖
ほうれん草… 50g
　→ざく切りにして
　　水にさらし、水気をきる
バター… 10g
ピザ用チーズ… 60g
こしょう… 適量

作り方

1 フライパンにオリーブオイルを熱し、玉ねぎと米を炒める。

米は洗わない

2 米につやが出てきたらAを加えて煮る。水分がなくなったら熱湯100㎖をたしてさらに煮る。これをあと1〜2回繰り返し、約15分かけてアルデンテになるまで煮る。

ふたはなし！粘りが出るのでかき混ぜないこと！

3 牛乳を注いで煮つめ、ほうれん草を加えてバターを溶かし入れたら、火を止めてピザ用チーズを加え混ぜる。器に盛り、こしょうをふる。

チーズは余熱で火をとおす

POINT!

熱湯を何回かに分けて加え、米に火を入れる。アルデンテのゆで加減は少し芯が残っているイメージ

ぺぺたまリゾット

和風だしの優しい味に、にんにくと唐辛子でパンチを効かせて

材料 (1人分)

米…90g ※洗わない
オリーブオイル…大さじ1
にんにく…2かけ(10g)
　→みじん切り
赤唐辛子…1本 →輪切り

A ┌ 熱湯…100㎖
　│ これ!うま!!つゆ
　│ (または白だし)
　└ …大さじ1と1/3

熱湯…200〜300㎖
溶き卵…1個分
塩…ひとつまみ
オリーブオイル…適量
赤唐辛子(トッピング用)…適量
　→輪切り

作り方

1 フライパンにオリーブオイルを熱し、にんにく、赤唐辛子を炒め、米を加えてさらに炒める。

2 米につやが出てきたらAを加えて煮る。水分がなくなったら熱湯100㎖をたしてさらに煮る。これをあと1〜2回繰り返し、約15分かけてアルデンテになるまで煮る。

3 火を止めてフライパンを少し冷ましてから溶き卵を加え、半熟状にする。塩で味をととのえる。器に盛り、オリーブオイルを回しかけ、赤唐辛子を散らす。

POINT!
フライパンを少し冷ましてから卵を加えて、とろりとさせる。火をとおしすぎないのがクリーミー

POINT!
シーフードミックスは
煮すぎると
かたくなるので、
米がいいかたさに
なってから投入する

海苔の
クリームリゾット

海苔と柚子こしょうが
イタリアの "おじや" に挑戦!

材料 （1人分）

米… 90g　※洗わない
オリーブオイル… 小さじ1
玉ねぎ… ¼個（50g）　→みじん切り

A
```
熱湯… 100㎖
これ！うま‼つゆ（または白だし）
　… 大さじ1
砂糖… 小さじ⅓
```

熱湯… 200〜300㎖

B
```
豆乳（無調整）… 120㎖
シーフードミックス… 70g
　→塩水で解凍する
焼き海苔… 全形1枚（3g）　→ちぎる
```

柚子こしょう（チューブ）… 4㎝
バター… 10g
塩… ひとつまみ
こしょう… 適量

作り方

1 フライパンにオリーブオイルを熱し、玉ねぎと米を炒める。

2 米につやが出てきたら**A**を加えて煮る。水分がなくなったら熱湯100㎖をたしてさらに煮る。これをあと1〜2回繰り返し、約15分かけてアルデンテになるまで煮る。

3 **B**を加えて煮つめ、海苔が溶けたら柚子こしょうとバターを加え、塩で味をととのえる。器に盛り、こしょうをふる。

そら豆のリゾット

シンプルな組み合わせながらも、だれもが納得するおいしさ

POINT!
そら豆の代わりに、枝豆やグリーンピースなどで作ってもよい

材料 （1人分）

米…90g ※洗わない
オリーブオイル…大さじ1
ベーコン（厚切り）…40g
　→小さめの角切り
A　熱湯…100㎖
　　顆粒コンソメ…小さじ2
熱湯…200〜300㎖
豆乳…150㎖
そら豆（冷凍）…100g
　→解凍して皮をむく
塩…ひとつまみ
こしょう、オリーブオイル
　…各適量

作り方

1 フライパンにオリーブオイルを熱し、ベーコンを炒め、米を加えてさらに炒める。

2 米につやが出てきたら**A**を加えて煮る。水分がなくなったら熱湯100㎖をたしてさらに煮る。これをあと1〜2回繰り返し、約15分かけてアルデンテになるまで煮る。

3 豆乳とそら豆を加えて強火で水分を飛ばし、とろみが出たら塩で味をととのえる。器に盛ってこしょうをふり、オリーブオイルを回しかける。

PART 3

イタリア人もびっくり！

シン・パスタ

これぞ真骨頂！ 研究を重ねて生み出された、
僕ならではのアレンジパスタを集めました。
これもパスタに？……なんて、
意外な組み合わせもでも、味はピカイチ！
びっくりするほどウマいから、とにかく作ってみて

油パスタ

人気の油そばをパスタで味わう！

POINT!
ラードで炒めて
旨味をアップ。ラードは
チューブ入りが
スーパーなどで
手に入る

材料 (1人分)

パスタ (1.4mm) … 100g

炒める

ラード … 小さじ1〜2

豚バラ薄切り肉 … 90g

　→ひと口大に切って味つき塩こしょうをふる

A
- しょうゆ、オイスターソース … 各小さじ2
- にんにく … 1かけ (5g)　→すりおろす
- 味の素 … 4ふり
- こしょう … 適量

煮る

B
- 水 … 320ml
- 酒 … 大さじ1

仕上げる

ごま油 … 小さじ1

卵黄 … 1個分

刻みねぎ、ラー油、刻み海苔、マヨネーズ … 各適量

作り方

1 具材を炒める

フライパンにラードを溶かし、豚肉を炒め、Aを加えて炒める。

2 パスタを加えて煮る

Bを加えて沸かし、パスタを加えて5分煮る。

3 仕上げる

水分がなくなったら、ごま油を加えて混ぜる。器に盛って卵黄をのせ、刻みねぎをふってラー油をかけ、刻み海苔を散らす。マヨネーズを添える。

こちらもおすすめ！ 番外編レシピ

重曹を入れてゆでたパスタが中華麺に変身！

中華麺がなくても作れる ジェネリック油そば

重曹に秘密あり！

材料 (1人分)

パスタ (1.6mm) … 100g

水 … 600ml

A
- 重曹 … 大さじ½
- 塩 … 小さじ⅓

B
- しょうゆ、オイスターソース … 各大さじ½
- ごま油、ラード … 各大さじ½
- ほんだし … 小さじ½
- 砂糖 … ひとつまみ
- こしょう … 適量

卵黄 … 1個分

刻みねぎ、ラー油、こしょう、マヨネーズ … 各適量

作り方

1 フライパンに分量の水を沸かしてAを加え、パスタを7分ゆでる。

2 耐熱の丼にBを入れて混ぜ、電子レンジ (600W) で30秒加熱して温めておく。

3 2に1のパスタを湯をきって加えて混ぜ合わせる。卵黄をのせ、刻みねぎをふってラー油をかけ、こしょうをふる。マヨネーズを添える。

材料 （1人分）

パスタ（1.4㎜）… 100g

混ぜる

納豆… 1パック

A
- 長ねぎ… 40g　→みじん切り
- 納豆付属のたれ… 1袋
- コショウ…適量

炒める

オリーブオイル…大さじ1
にんにく… 2かけ（10g）　→みじん切り

煮る

B
- 水… 320㎖
- 酒…大さじ1
- 塩…小さじ⅓
- 味の素… 4ふり
- かつお粉（P.9参照）… 2g

仕上げる

卵黄… 1個分

作り方

1 具材を混ぜる

納豆は**A**を加えて混ぜておく。

2 香味野菜を炒める

フライパンにオリーブオイルを熱してにんにくを炒める。

3 パスタを加えて煮る

Bを加えて沸かし、パスタを加えて5分煮る。

4 仕上げる

水分がなくなったら、器に盛って**1**、卵黄をのせる。

シン納豆パスタ

マジでパスタのために
納豆を買うようになります

POINT!
納豆はパスタにからみやすい小粒かひき割りがおすすめ

シン明太子パスタ

別名「明太カルボナーラ」。
普通の明太スパじゃものたりないならコレ

POINT!
少し水分が
残るくらいで
チーズと卵を混ぜて、
とろりとしたソースに

材料 （1人分）

パスタ（1.6mm）… 100g

炒める

オリーブオイル…大さじ1
にんにく…1かけ（5g）　→みじん切り
赤唐辛子…1本　→輪切り

煮る

A ┌ 水… 380ml
　├ 顆粒コンソメ…小さじ2/3
　└ 塩…ひとつまみ

仕上げる

ピザ用チーズ… 25g
溶き卵…1個分
明太子… 30g　→薄皮を除いてほぐす
明太子（トッピング用）、こしょう、
　刻みねぎ…各適量

作り方

1 具材を炒める

フライパンにオリーブオイルを熱し、にんにく、赤唐辛子を炒める。

2 パスタを加えて煮る

Aを加えて沸かし、パスタを加えて7分煮る。

3 仕上げる

水分が少なくなったら、火を止めてフライパンを少し冷まし、ピザ用チーズと溶き卵を加えて混ぜ、半熟状にする。明太子を加え混ぜて器に盛り、トッピング用の明太子をのせ、こしょう、刻みねぎを散らす。

パスタ (1.4mm) … 100g

炒める

ベーコン… 35g →食べやすく切る

煮る

```
┌ 水… 320㎖
│ 塩昆布… 5g
A  みりん…大さじ1
│ しょうゆ…大さじ½
└ ほんだし…小さじ½
```

キャベツ…80g →ざく切り

仕上げる

バター… 10g
塩昆布…適量

作り方

1 具材を炒める

フライパンでベーコンを炒める。

2 パスタを加えて煮る

Aを加えて沸かし、パスタを加えて5分煮る。仕上がりの2分前にキャベツを加えて一緒に煮る。

3 仕上げる

水分がなくなったらバターを加えてあえ、器に盛り、塩昆布を散らす。

POINT!
フライパンで
ベーコンを炒めるとき
油はなしでOK。
ベーコン＋塩昆布の
旨味が合う

無限塩昆布パスタ

なんで今までこんなウマいもん
作ってなかったんだろ

わかめパスタ

本当にウマい 乾燥わかめのパスタ教えます

材料 （1人分）

パスタ（1.4mm）… 100g

炒める

オリーブオイル…大さじ1
にんにく…1かけ（5g）　→みじん切り
ツナ缶（油漬け）…½缶（35g）

煮る

A
水…350ml
酒…大さじ1
オイスターソース…小さじ1
塩…小さじ⅓
味の素…5ふり

乾燥わかめ…3g
こしょう…適量

仕上げる

こしょう…適量

作り方

1 具材を炒める

フライパンにオリーブオイルを熱し、にんにく、ツナ缶を炒める。

2 パスタを加えて煮る

Aを加えて沸かし、パスタを加えて4分煮る。乾燥わかめ、こしょうを加えて水分を飛ばす。

3 仕上げる

器に盛り、さらにこしょうをふる。

POINT!
乾燥わかめを
戻す分、水分は
ちょっと多めにする

POINT!
和風のパスタは
細めをチョイス。
海苔は溶けるので
カットしたものでも
よい

海苔ボナーラ

とろける卵とチーズに海苔が合わさって旨味たっぷりソースに

材料 (1人分)

パスタ (1.4mm) … 100g

炒める

バター… 10g
ベーコン… 35g　→短冊切り

煮る

```
┌ 水… 330ml
A │ しょうゆ… 大さじ½
└ ほんだし… 小さじ1
```
焼き海苔… 全形1枚 (3g)

仕上げる

溶き卵… 1個分
チェダーチーズ (スライス) … 20g
　→ちぎる

作り方

1 具材を炒める

フライパンにバターを溶かし、ベーコンを炒める。

2 パスタを加えて煮る

Aを加えて沸かし、パスタを加えて5分煮て水分を飛ばす。海苔は仕上がり1分前にちぎり入れる。

3 仕上げる

火を止めてフライパンを少し冷ましてから溶き卵、チェダーチーズをからめ、器に盛る。

ねぎ塩ベーコンパスタ

肉に合わせずパスタに合わせることこそ真髄

POINT!
ごま油は
仕上げに加えて
香りを生かす

材料 （1人分）

パスタ（1.4mm）… 100g

炒める

オリーブオイル… 大さじ1
ベーコン… 40g　→短冊切り
にんにく… 1かけ（5g）　→みじん切り
長ねぎ… 60g　→みじん切り

煮る

A ┌ 水… 300mℓ
　├ 酒… 大さじ1と½
　├ 塩… 小さじ½
　└ 味の素… 6ふり

仕上げる

ごま油… 小さじ1
こしょう… 適量

作り方

1 具材を炒める

フライパンにオリーブオイルを熱し、ベーコン、にんにくを炒め、長ねぎを加えてさらに炒めて取り出す。

2 パスタを加えて煮る

1のフライパンに**A**を入れて沸かし、パスタを加えて5分煮る。

3 仕上げる

1の具材を戻し入れ、ごま油、こしょうを加えて混ぜる。器に盛り、好みでこしょうをふる。

材料 （1人分）

パスタ（1.4mm）… 100g

煮る

A
- 水… 320ml
- これ！うま!!つゆ（または白だし）
  … 大さじ1と⅓
- 酒、オリーブオイル…各大さじ1
- しょうゆ…小さじ1
- 塩…小さじ¼
- かつお節… 2g

油揚げ… 2枚　→短冊切り
長ねぎ… 50g　→斜め切り

仕上げる

七味唐辛子…適量

作り方

1 パスタを煮る

小さめのフライパンに**A**を入れて沸かし、パスタを加えて5分煮る。

2 仕上げる

仕上がり1分前に油揚げと長ねぎを加えてからめ、一緒に煮る。器に盛り、七味唐辛子をふる。

POINT!
厚めの油揚げなら
細めに切るとパスタに
からみやすくなる

きつねパスタ

おなじみの優しい和風味に
心もおなかもホッとする

ごはんですよ！で 作るパスタですよ。

バターと海苔のコラボが絶妙！ これ考えたオレ天才じゃね！？

POINT!

熱いうちに
バターと調味料を
パスタにからめる
ようにする

材料 （1人分）

パスタ（1.4mm）… 100g

煮る

A ┌ 水… 310mℓ
  │ これ！うま‼つゆ（または白だし）、酒
  └ …各大さじ1

仕上げる

B ┌ バター… 10g
  │ ごはんですよ！（海苔の佃煮）… 大さじ1
  └ オイスターソース… 小さじ1
ごはんですよ！（海苔の佃煮）… 適量
刻みねぎ、こしょう… 各適量

作り方

1  パスタを煮る

小さめのフライパンにAを入れて沸かし、パスタを加えて5分煮る。

2 仕上げる

水分がなくなったらBを加えてからめる。器に盛ってごはんですよ！をのせ、刻みねぎとこしょうをふる。

材料 （1人分）

パスタ（1.4mm）… 100g

炒める

ベーコン… 40g
　→食べやすく切る
玉ねぎ…¼個（50g）　→薄切り
マッシュルーム… 50g
　→薄切り
A ┌ ケチャップ…大さじ1
　└ コチュジャン…小さじ2

煮る

B ┌ 水… 280㎖
　└ 顆粒コンソメ…小さじ1と¼

仕上げる

バター… 10g
牛乳… 120㎖
塩…ひとつまみ
粉チーズ、こしょう…各適量

作り方

1 具材を炒める

フライパンにベーコン、玉ねぎ、マッシュルームを入れて炒め、Aを加えてさらに炒める。

2 パスタを加えて煮る

Bを加えて沸かし、パスタを加えて4分煮る。

3 仕上げる

バターと牛乳を加えて煮つめ、塩で味をととのえる。器に盛り、粉チーズとこしょうをふる。

本当においしいロゼパスタ

トッポギならぬパスタで勝負。
粉チーズはたっぷりかけて食う

POINT!
牛乳は
分離しやすいので、
あとから入れるのが
正解

材料 （1人分）

パスタ (1.4mm)… 100g

炒める

ごま油… 小さじ2
豚バラ薄切り肉… 80g
　→ひと口大に切って味つき塩こしょうをふる
キムチ… 70g

煮る

A ┌ 水… 320ml
　│ にんにく… 1かけ (5g)　→すりおろす
　│ しょうゆ、オイスターソース… 各小さじ1
　└ 味の素… 2ふり

仕上げる

ごま油… 小さじ1
刻みねぎ… 適量

作り方

1 具材を炒める

フライパンにごま油を熱し、豚肉とキムチを炒める。

2 パスタを加えて煮る

Aを加えて沸かし、パスタを加えて水分を飛ばしながら5分煮る。

3 仕上げる

ごま油をからめ、器に盛って刻みねぎをのせる。

POINT!
キムチはしっかり
炒めることで
旨味を引き出す

悪魔の豚キムチパスタ

スタミナ満点！ガッツリを望むすべての人へ

材料 （1人分）

パスタ（1.4mm）… 100g

炒める

ごま油… 大さじ1
豚ひき肉… 70g　→味つき塩こしょうをふる

A
- しょうゆ、オイスターソース
  …各小さじ2
- 豆板醤… 小さじ½
- 味の素… 6ふり
- こしょう… 適量

煮る

B
- 水… 330ml
- 酒… 大さじ1

仕上げる

ニラ… 50g　→ざく切り
にんにく… 1かけ（5g）　→すりおろす

作り方

1 具材を炒める

フライパンにごま油を熱し、ひき肉を炒め、Aを加えて煮つめる。

2 パスタを加えて煮る

Bを加えて沸かし、パスタを加えて4分煮る。

3 仕上げる

水分がなくなったらニラとにんにくを加え、さらに1分煮て器に盛る。

台湾風ニラパスタ

パンチの効いたニラそばをパスタでアレンジ

POINT!
仕上げに
おろしにんにくと
ニラを加えると
ガツンとくる

材料 （1人分）

パスタ（1.6mm）… 100g

炒める

バター… 10g
豚こま切れ肉… 80g　→味つき塩こしょうをふる
玉ねぎ… ¼個（50g）　→1cm幅に切る
にんにく… 1かけ（5g）　→みじん切り

煮る

A ┌ 水… 350ml
　├ ケチャップ、中濃ソース… 各大さじ½
　├ 顆粒コンソメ… 小さじ1と⅓
　└ こしょう… 適量

仕上げる

カレー粉… 小さじ1
乾燥パセリ、カレー粉（トッピング用）… 各適量

作り方

1 具材を炒める

フライパンにバターを溶かし、豚肉、玉ねぎ、にんにくを炒める。

2 パスタを加えて煮る

Aを加えて沸かし、パスタを加えて7分煮る。

3 仕上げる

水分がなくなったらカレー粉を加え混ぜる。器に盛り、パセリとトッピング用のカレー粉をふる。

最高のカレーパスタ

みんな大好きカレー最強伝説
これは間違いないおいしさ！

POINT!
カレー粉は最後に加えることで風味をキープ

（1人分）

パスタ（1.6mm）… 100g

下味

豚バラ薄切り肉… 100g
　→食べやすく切る

```
  ┌ しょうゆ…大さじ1と2/3
A │ 酒、みりん…各大さじ1
  └ 味の素…10ふり
```

炒める

オリーブオイル…小さじ1
にんにく… 2かけ（10g）
　→みじん切り
赤唐辛子… 1本　→輪切り

煮る

```
  ┌ 水… 320ml
B │ 塩…ふたつまみ
```
キャベツ… 100g　→ざく切り
もやし… 1/2袋（100g）

仕上げる

オリーブオイル…大さじ1（または牛脂1個）
卵黄… 1個分
にんにく… 1かけ（5g）　→みじん切り
こしょう…適量

作り方

1 肉に下味をつける

豚肉はAに漬けておく。

2 具材を炒める

フライパンにオリーブオイルを熱し、にんにく、赤唐辛子を炒める。

3 パスタを加えて煮る

Bを加えて沸かし、パスタと1を漬け汁ごと加えて5分煮る。キャベツ、もやしをのせてさらに3分煮る。

4 仕上げる

水分が少なくなったら、オリーブオイル（または牛脂）をからめる。器に盛って卵黄をのせ、にんにくを散らし、こしょうをふる。

POINT!
仕上げの油はできれば牛脂を使うと格段にウマさが違う

スパ二郎

あの店のあの味をパスタで再現いたしました！

PART 4

旨味たっぷり！
肉と魚介のガッツリパスタ

肉や魚介がたっぷり入った、
ひと皿で大満足のボリュームパスタが大集結！
具材の旨味が全部ソースになるから、
奥深くて食べごたえのある味わいに。
もちろん！酒もすすみます

本当においしい鶏そば

日本酒で煮込む超邪道な酔っぱらいのパスタ

材料 （1人分）

パスタ（1.4㎜）… 100g

炒める

鶏もも肉… 150g　→ひと口大に切って
　　味つき塩こしょうをふる
ラード… 小さじ2
にんにく… 2かけ（10g）
　　→みじん切り
赤唐辛子… 1本　→輪切り
酒… 大さじ3

煮る

A ┌ 水… 300㎖
　└ 塩… 小さじ⅓

仕上げる

赤唐辛子… 適量　→輪切り
刻みねぎ… 適量

作り方

1 具材を炒める

フライパンにラードを溶かし、鶏肉を皮目から焼く。にんにく、赤唐辛子を加えて炒め、酒を加えて煮つめる。

2 パスタを加えて煮る

Aを加えて沸かし、パスタを加えて5分煮る。

水分を
ここまで
飛ばす！

3 仕上げる

水分がなくなったら器に盛り、赤唐辛子、刻みねぎを散らす。

POINT!
ラードで炒めた
鶏の旨味で
特別なだしは
いらない

猟師風パスタ

イタリアンの"カチャトーラ"からイメージしてできた!

POINT!
食塩使用の
トマトジュースなら、
塩の量を減らして
調整を

材料 (1人分)

パスタ (1.6mm)… 100g

炒める

鶏もも肉… 100g
　→ひと口大に切って味つき塩こしょうをふる
オリーブオイル… 大さじ1
にんにく… 1かけ (5g)　→みじん切り
玉ねぎ… ⅛個 (25g)　→薄切り
しめじ… 60g　→ほぐす

煮る

A［
水… 280ml
トマトジュース (無塩)… 100ml
塩… 小さじ½
砂糖… 小さじ⅓
味の素… 3ふり
こしょう… 適量
］

仕上げる

オリーブオイル… 小さじ1
乾燥パセリ… 適量

作り方

1 具材を炒める

フライパンにオリーブオイルを熱し、にんにく、鶏肉を炒める。玉ねぎ、しめじを加えてさらに炒める。

2 パスタを加えて煮る

Aを加えて沸かし、パスタを加えて7分煮る。

3 仕上げる

水分がなくなったら、オリーブオイルをからめて器に盛り、パセリをふる。

ガリバタチキンパスタ

焦がしにんにく入りの濃くてジャンキーな味！

POINT!
しいたけ以外に好みのきのこを使ってもOK！

材料 （1人分）

パスタ（1.4mm）… 100g

炒める

鶏もも肉… 100g　→小さめのひと口大に切って味つき塩こしょうをふる
にんにく… 2かけ（10g）　→薄切り
オリーブオイル…大さじ½

煮る

A
　水… 320mℓ
　しょうゆ…大さじ1と⅓
　砂糖…小さじ1
　味の素…5ふり
　塩…ひとつまみ

しいたけ… 50g　→厚めにスライス

仕上げる

バター… 10g
こしょう…適量

作り方

1 具材を炒める

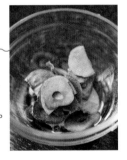

フライパンにオリーブオイルを熱し、にんにくを炒め、ガーリックチップにして取り出す。あいたフライパンで鶏肉を炒める。

2 パスタを加えて煮る

1のフライパンに**A**を加えて沸かし、パスタとしいたけを加えて5分煮る。

3 仕上げる

水分がなくなったら、バターと**1**のガーリックチップをからめて器に盛り、こしょうをふる。

71

材料 （1人分）

パスタ（1.4mm）… 100g

炒める

鶏もも肉… 100g
　→小さめのひと口大に
　　切って塩をふる
オリーブオイル…小さじ2
玉ねぎ… ¼個（50g）　→薄切り

煮る

A ┌ 水… 280ml
　│ みりん…大さじ1と⅔
　│ しょうゆ、白だし
　│ 　…各小さじ2と½
　└ 砂糖…ひとつまみ

仕上げる

溶き卵… 1個分
刻みねぎ、七味唐辛子
　…各適量

作り方

1 具材を炒める

フライパンにオリーブオイルを熱し、鶏肉と玉ねぎを炒める。

2 パスタを加えて煮る

Aを加えて沸かし、パスタを加えて5分煮る。

3 仕上げる

水分が少なくなったら火を止めてフライパンを少し冷まし、溶き卵を流し入れて混ぜ、半熟状にする。とろみがたりなければ、少し火にかけてもったりするくらいに調整する。器に盛り、刻みねぎと七味唐辛子をふる。好みで粉チーズをふっても。

親子ぺぺたま

親子丼をパスタにしたら、こうなりました

POINT!
卵は泡立てず、切るように混ぜる！箸をボウルの底につけて混ぜるとよい

72

ねぎま塩パスタ

焼き鳥のねぎま串をイメージ。 やっぱり塩が合う!

POINT!
ねぎをしっかり
焼きつけるのがポイント。
好みで七味唐辛子を
ふってもOK

材料 (1人分)

パスタ(1.4mm)… 100g

炒める

鶏もも肉… 100g
　→小さめのひと口大に切って塩をふる
長ねぎ… 60g　→ぶつ切り
オリーブオイル… 大さじ1
にんにく… 2かけ(10g)　→みじん切り

煮る

```
┌ 水… 320mℓ
│ 酒… 大さじ2
A 顆粒鶏ガラスープの素、
│　 オイスターソース… 各小さじ1
└ 塩… 小さじ¼
```

作り方

1 具材を炒める

フライパンにオリーブオイルを
熱し、鶏肉と長ねぎを炒め、に
んにくを加えて香ばしく炒め、
取り出す。

2 パスタを加えて
煮る

1のフライパンに**A**を入れて沸
かし、パスタを加えて5分煮る。

3 仕上げる

水分が少なくなったら、**1**の具材
を戻し入れてからめ、器に盛る。
好みで七味唐辛子をふっても。

POINT!
とんかつ用肉を
ぶつ切りにして
使えば
肉感が増す

ごろごろ肉ゲッティ

大きめの肉×にんにくでボリューム満載!

材料 (1人分)

パスタ (1.6mm) … 100g

炒める

豚ロースとんかつ用肉 … 1枚 (100〜120g)
　→ぶつ切りにして味つき塩こしょうをふる

ラード … 大さじ1

にんにく … 2かけ (10g)　→薄切り

煮る

A
　水 … 330ml
　しょうゆ、酒、みりん … 各大さじ1
　砂糖 … 大さじ½
　みそ … 小さじ1
　味の素 … 6ふり
　こしょう … 適量

仕上げる

長ねぎ … 60g　→斜め切り

塩、こしょう … 各適量

もみ海苔 … 適量

作り方

1 具材を炒める

フライパンにラードを溶かし、にんにくを炒め、ガーリックチップにして取り出す。あいたフライパンで豚肉を焼く。

2 パスタを加えて煮る

Aを加えて沸かし、パスタを加えて7分煮る。

3 仕上げる

水分がなくなったら、長ねぎ、1のガーリックチップを加えて全体をからめ、塩、こしょうで味をととのえる。器に盛り、もみ海苔を散らす。

材料 （1人分）

パスタ（1.6mm）… 100g

炒める

豚バラ薄切り肉… 80g
　→食べやすく切る
キャベツ… 90g　→ざく切り
オリーブオイル… 大さじ1
にんにく… 2かけ（10g）
　→みじん切り

A
| みそ… 大さじ1と1/3
| みりん… 大さじ1
| 砂糖… 小さじ1/2

煮る

B
| 水… 350ml
| しょうゆ… 小さじ1
| 味の素… 6ふり

仕上げる

七味唐辛子… 適量

作り方

1 具材を炒める

フライパンにオリーブオイルを熱し、キャベツを焼き、豚肉、にんにくを炒める。Aを加えてさらに炒めて取り出す。

2 パスタを加えて煮る

1のフライパンにBを入れて沸かし、パスタを加えて7分煮る。

3 仕上げる

水分がなくなったら、1の具材を戻し入れて合わせる。器に盛り、七味唐辛子をふる。

焦がしみそ豚キャベツパスタ

香ばしいみそで和と洋の絶妙なハーモニー

POINT!
パスタは
こっくりみそ味に
負けないように
太めがおすすめ

喫茶店の焼きそば風パスタ

まるでソース焼きそば！の
見た目を裏切らないおいしさ

材料 （1人分）

パスタ（1.6mm）… 100g

炒める

豚こま切れ肉… 70g
玉ねぎ… ¼個（50g）　→薄切り
ソーセージ… 2～3本（50g）　→薄い斜め切り
サラダ油… 大さじ1

煮る

```
A　水… 340ml
　　ほんだし… 小さじ⅔
```
キャベツ… 70g　→ざく切り

仕上げる

```
　　ウスターソース… 大さじ2
B　しょうゆ… 小さじ1
　　こしょう… 適量
```
かつお節、青海苔、紅生姜…各適量

作り方

1 具材を炒める

フライパンにサラダ油を熱し、豚肉、玉ねぎ、ソーセージを炒める。

2 パスタを加えて煮る

Aを加えて沸かし、パスタを加えて5分煮る。キャベツを加えて水分がなくなるまでさらに2分煮る。

3 仕上げる

Bを加えて水分が飛ぶまで炒める。器に盛ってかつお節と青海苔をふり、紅生姜を添える。

生姜ペペロンチーノ

にんにくを生姜に替えたら、
おなじみの生姜焼き味が誕生

材料 （1人分）

パスタ（1.4mm）… 100g

炒める

豚こま切れ肉… 50g
　→食べやすく切って塩をふる
オリーブオイル…大さじ1
生姜… 10g　→みじん切り
赤唐辛子… 1本　→輪切り

煮る

A ┌ 水… 320ml
　│ これ！うま!!つゆ（または白だし）
　│ 　… 大さじ1
　└ 塩… 小さじ1/4
小松菜… 1株（30g）　→ざく切り

仕上げる

オリーブオイル…大さじ1/2

作り方

1 具材を炒める

フライパンにオリーブオイルを熱し、豚肉、
生姜、赤唐辛子を炒める。

2 パスタを加えて煮る

Aを加えて沸かし、パスタを加えて5分煮る。
仕上がりの1分前に小松菜を加える。

3 仕上げる

水分が少なくなった
ら、オリーブオイル
を加えてからめ、器
に盛る。

POINT!
小松菜は最後に
加えることで
食感を残す

白いミートソース

POINT!
おいしい
クリームチーズなら
生クリームなど
いらない

材料 （1人分）

パスタ（1.6mm）… 100g

炒める

合いびき肉… 80g
にんにく… 1かけ（5g） →みじん切り
玉ねぎ… ¼個（50g） →みじん切り

煮る

A ┌ 水… 350㎖
  │ 塩… 小さじ⅓
  │ 味の素… 6ふり
  └ 砂糖… ひとつまみ

仕上げる

バター… 10g
クリームチーズ… 35g
塩… ひとつまみ
こしょう… 適量

作り方

1 具材を炒める

フライパンにひき肉、にんにく、玉ねぎを入れて炒める。

2 パスタを加えて煮る

Aを加えて沸かし、パスタを加えて7分煮る。

3 仕上げる

水分がなくなったらバターとクリームチーズを加え、塩で味をととのえる。器に盛り、こしょうをふる。

材料 （1人分）

パスタ（1.4mm）… 100g

炒める

豚ひき肉… 80g
　→味つき塩こしょうをふる

ごま油… 大さじ1

A
- 玉ねぎ… ¼個（50g）
　→みじん切り
- にんにく… 1かけ（5g）
　→みじん切り
- 生姜… 5g　→みじん切り

煮る

B
- 水… 320ml
- みそ、酒、みりん… 各大さじ1
- 砂糖… 小さじ½
- 味の素… 5ふり

仕上げる

みそ… 大さじ½

ラー油、刻みねぎ… 各適量

作り方

1 具材を炒める

フライパンにごま油を熱し、ひき肉を炒め、**A**を加えてさらに炒める。

2 パスタを加えて煮る

Bを加えて沸かし、パスタを加えて5分煮る。

3 仕上げる

水分が少なくなったら、みそをからめる。器に盛ってラー油を回しかけ、刻みねぎをふる。

肉みそパスタ

たとえるならそれは、ジャージャー麺！

POINT!
みそは2回に
分けて加えて、
香りを生かす

しらすガーリックチーズパスタ

しらすとにんにくが奏でる最高の競演！

材料 （1人分）

パスタ（1.6mm）… 100g

炒める

オリーブオイル… 大さじ1
にんにく… 2かけ（10g）
　　　　→みじん切り

煮る

A ┌ 水… 320ml
　│ しらす干し… 25g
　│ これ！うま!!つゆ（または白だし）、
　│ 　酒… 各大さじ1
　└ 塩… ひとつまみ

仕上げる

ピザ用チーズ… 40g
こしょう、オリーブオイル… 各適量

作り方

1 具材を炒める

フライパンにオリーブオイルを熱し、にんにくを炒める。

2 パスタを加えて煮る

Aを加えて沸かし、パスタを加えて7分煮る。

煮汁を沸かす

3 仕上げる

水分がなくなったら、ピザ用チーズを加えて溶かす。器に盛り、こしょうをふり、オリーブオイルを回しかける。

POINT!
しらすとパスタを
煮込むことで
旨味が
じっくりからむ

POINT!
日本酒で煮て
タコのおいしさを
最大限に引き出す！

材料 （1人分）

パスタ（1.4mm）… 100g

炒める

ゆでダコ… 60g　→みじん切り
オリーブオイル…大さじ1
玉ねぎ…¼個（50g）
　　→みじん切り

A
┌ 酒…大さじ2
│ 顆粒コンソメ…小さじ1
└ 塩…小さじ⅓

煮る

水… 320ml

仕上げる

こしょう…適量
オリーブオイル…大さじ½

作り方

1 具材を炒める

フライパンにオリーブオイルを熱
し、タコと玉ねぎを炒め、**A**を加
えて煮つめる。

2 パスタを加えて煮る

分量の水を注いで沸か
し、パスタを加えて5
分煮る。

3 仕上げる

水分がなくなったら、器に盛って
こしょうをふり、オリーブオイル
を回しかける。

タコと玉ねぎの日本酒ラグー

あえて、にんにくなしに
こだわった自慢のひと皿

材料　（1人分）

パスタ（1.6mm）… 100g

炒める

オリーブオイル… 小さじ2
玉ねぎ… 1/4個（50g）　→みじん切り
トマト缶（ホール）… 1/2缶（200g）
赤唐辛子… 2本　→輪切り

煮る

A ┌ 水… 320ml
　└ 顆粒コンソメ… 大さじ1
シーフードミックス… 90g
　→塩水で解凍する
にんにく… 1かけ（5g）　→すりおろす
塩… 適量

仕上げる

バター… 10g
こしょう、乾燥パセリ… 各適量

作り方

1 具材を炒める

フライパンにオリーブオイルを熱し、玉ねぎを炒める。トマト缶と赤唐辛子を加え、トマトをつぶしながら酸味が飛んでペースト状になるまでしっかりと炒める。

2 パスタを加えて煮る

Aを加えて沸かし、シーフードミックス、パスタを加えて7分煮る。仕上がり1分前ににんにくと塩を加える。

3 仕上げる

器に盛ってバターをのせ、こしょうとパセリをふる。

辛口煮込み
ペスカトーレ

トマト缶をしーっかり炒めて
旨味を出すのがコツ

POINT!
唐辛子の
辛味をさらに
効かせたいときは
種ごと使う

（1人分）

パスタ（1.4㎜）…100g

混ぜる

A ┌ サバ缶…½缶（95g）　→缶汁をきる
　│ サバ缶の缶汁…大さじ1
　│ 刻みねぎ…20g
　│ みょうが…1個　→小口切り
　└ みそ…小さじ2

煮る

B ┌ 水…330㎖
　│ ほんだし…小さじ1
　└ 塩…ひとつまみ

仕上げる

みょうが…適量　→千切り

POINT!
缶汁を加えて、旨味をプラス。大葉を加えてもよし！

作り方

1 具材を混ぜる

ボウルに**A**を入れて混ぜ合わせる。

2 パスタを煮る

フライパンに**B**を入れて沸かし、パスタを加えて5分煮る。

3 仕上げる

水分がなくなったら器に盛り、**1**とみょうがをのせる。

サバ缶のなめろう風薬味パスタ

酒がすすむ！よく混ぜながら食べるべし

材料 （1人分）

パスタ（1.4mm）… 100g

混ぜる

A
┌ ねぎトロ… 70g
├ にんにく… ½かけ（2.5g）
│   →すりおろす
└ 塩… ひとつまみ

煮る

B
┌ 水… 300mℓ
├ みりん… 大さじ1
├ しょうゆ… 小さじ2
├ 味の素… 5ふり
└ 塩… ひとつまみ

仕上げる

刻みねぎ… 適量
卵黄… 1個分
こしょう、しょうゆ… 各適量

作り方

1 具材を混ぜる

ボウルにAを入れて混ぜ合わせる。

2 パスタを煮る

フライパンにBを入れて沸かし、パスタを加えて5分煮る。

3 仕上げる

水分がなくなったら器に盛り、1をのせて刻みねぎを散らす。卵黄をのせてこしょうをふり、しょうゆを回しかける。

POINT!
まぐろ×にんにくで、ガツンとパワーのある味に変化

至高のねぎトロパスタ

レストラン勤務時代のヤバすぎるまかないパスタ

POINT!
隠し味に
めんつゆを
加えることで
味が締まる

鮭マヨ ペッパーパスタ

食材を切る手間なしの 偉大なヤツ

材料 （1人分）

パスタ（1.4mm）…100g

煮る

A ┌ 水…320㎖
  └ 塩…ふたつまみ

からめる

B ┌ 鮭フレーク…大さじ2と1/2（25g）
  │ マヨネーズ…大さじ2
  │ めんつゆ（3倍濃縮）…小さじ1
  └ こしょう…適量

仕上げる

刻み海苔…適量

作り方

1 パスタを煮る

フライパンに**A**を入れて沸かし、パスタを加えて5分煮る。

2 ソースをからめる

水分がなくなったら、**B**を加えてあえる。

3 仕上げる

器に盛り、刻み海苔をのせる。

材料 （1人分）

パスタ（1.4mm）… 100g

煮る

むきエビ… 70g　→厚みを
　半分に切って背ワタを除く
水… 320㎖
顆粒鶏ガラスープの素… 小さじ1と⅓

からめる

┌ 長ねぎ… 30g
│　→粗みじん切り
A マヨネーズ… 大さじ1と½
│ ケチャップ… 小さじ2
└ 砂糖… 大さじ½

仕上げる

こしょう… 適量
バターピーナツ（好みで）
　… 適量　→粗く砕く

作り方

1 パスタを煮る

フライパンに分量の水を注いで沸かし、鶏ガラスープの素とパスタを加えて5分煮る。仕上がりの2分前にむきエビを加える。

2 ソースをからめる

水分がなくなったら、Aを加えてあえる。

3 仕上げる

器に盛ってこしょうをふり、好みでピーナツを散らす。

POINT!
エビは厚みを
半分に切ると、
くるんと丸まって
火がとおりやすい

エビマヨパスタ

ほんのり甘いケチャマヨ味が
あとを引く

材料 （1人分）

パスタ（1.4mm）… 100g

煮る

A
┌ 水… 320㎖
│ ツナ缶（油漬け）… ½缶（35g）
└ ほんだし… 小さじ1

からめる

B
┌ 大根おろし… 70g
│   →軽く水気を絞ったもの
│ ポン酢… 大さじ1と½
└ オリーブオイル… 小さじ2

仕上げる

大根おろし、刻みねぎ、
　七味唐辛子… 各適量

作り方

1 パスタを煮る

フライパンに**A**を入れて沸かし、パスタを加えて4分煮る。

2 ソースをからめる

Bを加えてあえる。

3 仕上げる

器に盛って大根おろしをのせ、刻みねぎを散らし、七味唐辛子をふる。

POINT!
大根おろしは火を
とおすと甘味が出て
おいしくなる。
ポン酢も火を入れると
まろやかな味わいに

ツナおろし
ポン酢パスタ

おろしソースをたっぷり からめていっちゃって

ツナ梅パスタ

梅×大葉風味のシンプルな
ジャパニーズスタイル

材料 （1人分）

パスタ（1.4mm）… 100g

煮る

A
```
水… 320ml
ツナ缶（油漬け）… 1/2缶（35g）
→缶汁をきる
これ！うま!!つゆ（または白だし）
… 大さじ1
```

からめる

B
```
梅干し… 2個　→種を除いてたたく
オリーブオイル… 大さじ1
```

仕上げる

梅干し… 適量　→種を除いてたたく
大葉… 適量　→千切り

作り方

1 パスタを煮る

フライパンにAを入れて沸かし、パスタを加えて5分煮る。

2 ソースをからめる

Bを加えてあえる。

3 仕上げる

器に盛って梅干しをのせ、大葉を散らす。

POINT!
好みで
追い梅干しを
するのもあり！

パスタ (1.6mm) … 100g

炒める

ツナ缶 (油漬け) … ½缶 (35g)
玉ねぎ … ¼個 (50g) →薄切り

煮る

A［ 水 … 350ml
  └ 顆粒コンソメ … 小さじ1と¼

仕上げる

B［ バター … 5g
  │ マヨネーズ … 大さじ1
  │ チェダーチーズ (スライス) … 30g
  └ →ちぎる
こしょう … 適量

POINT!
チェダーチーズは
スライスを使うと
溶けやすくて便利

作り方

1 具材を炒める

フライパンにツナ缶と玉ね
ぎを入れて炒める。

**2 パスタを
加えて煮る**

Aを加えて沸かし、パスタ
を加えて7分煮る。

3 仕上げる

水分が少なくなったらBを
加えて混ぜ、器に盛り、こ
しょうをふる。

ヤバいほどハマる！
とろとろツナマヨチーズ

ツナメルトスパゲティ

牡蠣の
バターパスタ

バターの風味がたまらない、季節限定絶品パスタ

POINT!

牡蠣は最初にしっかり
火をとおしておく。
牡蠣の旨味が残った
フライパンで
おいしいパスタに

材料 （1人分）

パスタ（1.4mm）… 100g

炒める

牡蠣… 80g　→味つき塩こしょうをふる
オリーブオイル… 小さじ2
にんにく… 1かけ（5g）　→みじん切り

煮る

A
水… 320ml
酒… 大さじ1
オイスターソース… 小さじ2
塩… ひとつまみ

仕上げる

こしょう… 適量
バター… 10g
刻みねぎ… 適量

作り方

1 具材を炒める

フライパンにオリーブオイルを熱し、牡蠣を焼いて取り出す。あいたフライパンでにんにくを炒める。

2 パスタを加えて煮る

Aを加えて沸かし、パスタを加えて5分煮る。

3 仕上げる

水分がなくなったら、こしょうをふってバターを加え、**1**の牡蠣を戻し入れてからめる。器に盛り、刻みねぎを散らす。

91

食欲の落ちる暑い夏にもうれしい
パスタレシピを伝授します！

生ハムの冷製塩パスタ

コンビニで買える生ハムでこんなリッチに！

POINT!
長めにゆでたパスタを
氷水で締める。
水っぽくならないように
しっかり水気を絞って

材料 （1人分）

パスタ（1.4mm）… 100g
生ハム… 40g

A
- 玉ねぎ… ¼個（50g） →みじん切り
- にんにく… ½かけ（2.5g） →すりおろす
- オリーブオイル… 大さじ1と½
- レモン汁、しょうゆ… 各小さじ1
- 塩… 小さじ¼
- 味の素… 6ふり
- こしょう… 適量

塩… 適量
乾燥パセリ… 適量

作り方

1 ボウルに生ハムと**A**を入れて混ぜ合わせ、冷蔵庫で冷やしておく。

2 鍋に湯を沸かして塩（湯の1.5％が目安）を加え、パスタを6分ゆでて氷水で冷やし、水気をしっかりと絞る。

3 **1**に**2**のパスタを加えてからめる。器に盛り、パセリをふる。

（1人分）

パスタ（1.4mm）… 100g

明太子… 25g　→薄皮を除いてほぐす

A ┌ マヨネーズ… 25g
　│ オリーブオイル、ほんだし…各小さじ1
　└ にんにく…少し　→すりおろす

塩…適量

大葉…適量　→千切り

刻み海苔…適量

作り方

1 ボウルに明太子とAを入れ、混ぜ合わせる。

2 鍋に湯を沸かして塩（湯の1.5％が目安）を加え、パスタを6分ゆでて氷水で冷やし、水気をしっかりと絞る。

3 **1**に**2**のパスタを加えてからめる。器に盛って大葉と刻み海苔をのせる。

冷やし明太子パスタ

結論から言うと、明太マヨは冷やしてもやっぱりウマい！

POINT!
明太マヨの
さっぱり味は、
口当たりなめらかで
つるつるイケる

パスタ (1.4mm) … 100g
納豆 … 1パック　→包丁でたたく
┌ 玉ねぎ … ⅛個 (25g)　→薄切り
│ オリーブオイル … 大さじ1
A 納豆付属のたれ、辛子 … 各1袋
│ しょうゆ … 小さじ2と½
└ 味の素 … 5ふり
塩 … 適量
刻み海苔 … 適量
大葉 … 5枚　→千切り

作り方

1 ボウルに納豆とAを入れ、混ぜ合わせる。

2 鍋に湯を沸かして塩 (湯の1.5%が目安) を加え、パスタを6分ゆでて氷水で冷やし、水気をしっかりと絞る。

3 **1**に**2**のパスタを加えてからめる。器に盛って刻み海苔と大葉を散らす。好みで七味唐辛子、酢やタバスコをかけても。

冷やし納豆パスタ

玉ねぎ入りのたれがシャキシャキ食感でいい味出します

POINT!
大葉をたっぷりのせ、全体を混ぜて食べて。意外とタバスコのピリ辛がよく合う

トマト缶で作る 冷製パスタ

トマト缶をそのまま使えば、一気にスペシャルなひと皿が完成

POINT!
トマト缶は
つぶしながら
調味料類と
合わせるとよい

材料 (1人分)

パスタ (1.4mm)…100g
トマト缶 (ホール)…¼缶 (100g)

    ┌ ツナ缶 (油漬け)…½缶 (35g)
    │ にんにく…½かけ (2.5g)
    │   →すりおろす
  A │ オリーブオイル…大さじ1
    │ 顆粒コンソメ…小さじ1
    │ しょうゆ、一味唐辛子…各小さじ½
    └ 塩…ひとつまみ

塩…適量
乾燥パセリ、オリーブオイル…各適量

作り方

1 ボウルにトマト缶と**A**を入れ、トマトをつぶしながら混ぜ合わせる。

2 鍋に湯を沸かして塩 (湯の1.5％が目安) を加え、パスタを6分ゆでて氷水で冷やし、水気をしっかりと絞る。

3 **1**に**2**のパスタを加えてからめる。器に盛ってパセリをふり、オリーブオイルを回しかける。

材料 （1人分）

パスタ（1.4㎜）… 100g
なす… 大1個（100g）

A
- ツナ缶（油漬け）
  … ½缶（35g）
- オリーブオイル… 大さじ1
- ほんだし… 小さじ1と⅓
- しょうゆ… 小さじ1

塩… 適量
大葉… 3枚　→千切り
七味唐辛子… 適量

作り方

1 なすはラップに包んで電子レンジ（600W）で2分30秒加熱する。中身をかき出してたたき、**A**を加えて混ぜる。

2 鍋に湯を沸かして塩（湯の1.5％が目安）を加え、パスタを6分ゆでて氷水で冷やし、水気をしっかりと絞る。

3 **1**に**2**のパスタを加えてからめる。器に盛って大葉をのせ、七味唐辛子をふる。

なすの冷製パスタ

ペースト状のなすとツナをたっぷりとパスタにからめて

POINT!
レンチンしたなすは、包丁でそぐように皮から外してたたくとなめらかに

PART 5

旬が楽しい！

野菜ときのこのパスタ

野菜やきのこもワンパンパスタと相性抜群！
野菜はあまり得意じゃない……そんな人も
パスタならペロリといけちゃうはず。
季節のおいしさを味わう特製レシピを
バリエーション豊富にお届けします

アボカドの和風クリームパスタ

アボカドの濃厚なコクをガッツリ味わう

材料 (1人分)

パスタ (1.4mm)… 100g

混ぜる

アボカド… ½ 個 (70g)
→食べやすく切る

A ┌ マヨネーズ… 15g
  └ バター… 5g

炒める

オリーブオイル…小さじ2
ベーコン… 35g →短冊切り

煮る

B ┌ 水… 320㎖
  │ めんつゆ (3倍濃縮)
  └ …大さじ1と⅓

仕上げる

刻み海苔、七味唐辛子…各適量

POINT!

アボカドのつぶし加減は好みで。アボカドと混ぜるバターは少しレンチンすると混ぜやすくなる

作り方

1 具材を混ぜる

ボウルにアボカドとAを合わせ、アボカドをつぶすように混ぜる。

2 具材を炒める

フライパンにオリーブオイルを熱し、ベーコンを炒める。

3 パスタを加えて煮る

Bを加えて沸かし、パスタを加えて5分煮る。

4 仕上げる

水分がなくなったら火を止め、**1**を加えて混ぜる。器に盛り、刻み海苔を散らして七味唐辛子をふる。

ゴムべらが便利！

材料 （1人分）

パスタ（1.4mm）… 100g

炒める

オリーブオイル…大さじ1
ベーコン…40g　→短冊切り
キャベツ…100g　→ざく切り
味つき塩こしょう…適量

煮る

A
┌ 水…320㎖
├ しょうゆ、みりん
│ 　…各小さじ2
└ 味の素…5ふり

仕上げる

B
┌ 粒マスタード…大さじ½
└ オリーブオイル…小さじ1
こしょう…適量

POINT!
粒マスタードと
相性のよい
ソーセージで
作ってもウマい

作り方

1 具材を炒める

フライパンにオリーブオイルを熱し、ベーコンとキャベツを味つき塩こしょうをふって炒め、取り出す。

2 パスタを加えて煮る

1のフライパンにAを入れて沸かし、パスタを加えて5分煮る。

3 仕上げる

水分がなくなったら、Bを加えて1の具材を混ぜ合わせる。器に盛り、こしょうをふる。

粒マスタードの
パスタ

炒めたキャベツは
一度取り出して食感を残すべし！

本当においしいツナクリームパスタ

豆乳のクリームソースはあっさり優しい仕上がり

材料 （1人分）

パスタ（1.6mm）… 100g

炒める

オリーブオイル… 小さじ1
にんにく… 1かけ（5g）　→みじん切り
キャベツ… 80g　→ざく切り
ツナ缶（油漬け）… ½缶（35g）

煮る

A ┌ 水… 300ml
　├ 顆粒コンソメ… 大さじ½
　└ 塩… ふたつまみ

B ┌ 豆乳（無調整）… 150ml
　└ バター… 10g

仕上げる

こしょう… 適量

作り方

1 具材を炒める

フライパンにオリーブオイルを熱し、にんにくを炒め、キャベツとツナ缶を加えてさらに炒める。

2 パスタを加えて煮る

Aを加えて沸かし、パスタを加えて5分煮る。Bを加えてさらに2分煮つめてとろりとさせる。

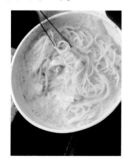

3 仕上げる

器に盛り、こしょうをふる。

POINT!
豆乳は無調整を使って自然なとろみに。加熱しすぎると分離するので注意

なすの和風ボロネーゼ

ミートソースとなすのカンペキなコンビ。かつお粉が風味だしに

POINT!
なすは火の
とおりがいいように、
やや薄めの
乱切りにする

至高のなすパスタ

トマトジュースでできるお手軽ソースはナンプラーが隠し味

POINT!
ほんの少し
砂糖をたすだけで
トマトソースが
おいしくなる

材料 （1人分）

パスタ (1.4mm)… 100g

炒める

オリーブオイル…大さじ1
豚ひき肉… 80g　→味つき塩こしょうをふる
にんにく… 2かけ (10g)　→みじん切り
なす… 1個 (80g)　→乱切り

煮る

A
```
水… 300ml
しょうゆ、酒、みりん…各大さじ1
砂糖…小さじ1
塩…ひとつまみ
味の素… 4ふり
かつお粉 (P.9参照)… 1g
```

仕上げる

七味唐辛子…適量

作り方

1 具材を炒める

フライパンにオリーブオイルを熱し、ひき肉とにんにくを炒め、なすを加えてさらに炒める。

2 パスタを加えて煮る

Aを加えて沸かし、パスタを加えて5分煮る。

3 仕上げる

水分がなくなったら、器に盛り、七味唐辛子をふる。

材料 （1人分）

パスタ (1.6mm)… 100g

炒める

オリーブオイル…大さじ1
なす…大1個 (100g)
　→乱切りにして塩をふる
ベーコン… 35g　→短冊切り
赤唐辛子… 1本　→輪切り
にんにく… 2かけ (10g)　→薄切り

煮る

A
```
水… 300ml
トマトジュース (無塩)… 100ml
ナンプラー…大さじ1
砂糖…小さじ1/3
味の素… 3ふり
```

仕上げる

オリーブオイル…大さじ1/2
乾燥パセリ…適量

作り方

1 具材を炒める

フライパンにオリーブオイルを熱し、なす、ベーコン、赤唐辛子、にんにくを炒める。

2 パスタを加えて煮る

Aを加えて沸かし、パスタを加えて7分煮る。

3 仕上げる

水分がなくなったら、オリーブオイルを加え混ぜて器に盛り、パセリをふる。

豚と豆苗のオイスターペペロンチーノ

豆苗のシャキシャキ食感と青臭さがペペロン味にマッチ

POINT!
切り落とした豆苗の根元は、水耕栽培すればもう1回楽しめる

材料 （1人分）

パスタ（1.4mm）… 100g

炒める

オリーブオイル… 大さじ1
にんにく… 1かけ（5g）　→みじん切り
赤唐辛子… 1本　→輪切り
豚こま切れ肉… 80g
　→味つき塩こしょうをふる

煮る

A ［
水… 300ml
酒… 大さじ1と½
オイスターソース… 大さじ½
ほんだし… 小さじ1
塩… ひとつまみ
］

仕上げる

豆苗… 50g　→ざく切り

作り方

1 具材を炒める

フライパンにオリーブオイルを熱し、にんにく、赤唐辛子、豚肉を炒める。

2 パスタを加えて煮る

Aを加えて沸かし、パスタを加えて5分煮る。

3 仕上げる

仕上がり直前に豆苗を加えてさっと煮て、器に盛る。

材料 （1人分）

パスタ（1.4mm）…100g

炒める

ごま油…大さじ1
にんにく…½かけ（2.5g）　→みじん切り
生姜…3g　→みじん切り
豚バラ薄切り肉…60g　→食べやすく切る

A
┌ チンゲン菜…30g　→ざく切り
├ にんじん…20g
│　→縦半分に切ってから斜め薄切り
├ オイスターソース、しょうゆ
└　…各小さじ2

煮る

B
┌ 水…320ml
├ キクラゲ（乾燥）…3g　→水で戻す
└ 味の素…3ふり

仕上げる

ごま油…小さじ1
こしょう…適量

作り方

1 具材を炒める

フライパンにごま油を熱し、にんにく、生姜、豚肉、Aを炒める。

2 パスタを加えて煮る

Bを加えて沸かし、パスタを加えて5分煮る。

3 仕上げる

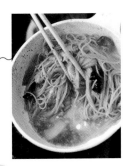

水分がなくなったら、ごま油を加え混ぜて器に盛り、こしょうをふる。

POINT!
具材は残り野菜など好みのものでOK！エビやイカを入れても

中華風パスタ

五目焼きそばのように食べる新感覚パスタ

ピーマンの ラグーパスタ

ヘタも種も取らずに 丸ごとピーマンの旨味をソースに！

POINT!
たたいた
ピーマンとひき肉で、
ワンランク上の
ソースが完成する

材料 (1人分)

パスタ（1.4mm）… 100g
ピーマン… 3個（100g）

炒める

オリーブオイル… 大さじ1
にんにく… 1かけ（5g）
　→みじん切り
豚ひき肉… 60g
　→味つき塩こしょうをふる

煮る

水… 330ml	
A 顆粒コンソメ… 小さじ1と1/3	
塩… ひとつまみ	

仕上げる

粉チーズ、こしょう… 各適量

作り方

1 下準備

ピーマンはラップに包んで電子レンジ（600W）で約3分加熱し、細かくたたく。

2 具材を炒める

フライパンにオリーブオイルを熱し、にんにくを炒め、ひき肉、**1**のピーマンを順に加えて炒める。

3 パスタを加えて煮る

Aを加えて沸かし、パスタを加えて5分煮る。

4 仕上げる

水分がなくなったら器に盛り、粉チーズとこしょうをふる。

POINT!
ほうれん草は
水に浸けて
シュウ酸を抜いたら、
しっかりと水気をきる

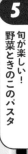

本当においしいほうれん草とベーコンのパスタ

和と洋の旨味を効かせた
繰り返し食べたくなる味

材料 （1人分）

パスタ（1.4mm）… 100g

炒める

オリーブオイル… 小さじ2
にんにく… 2かけ（10g）
　→みじん切り
厚切りベーコン… 50g
　→棒状に切る

煮る

A
┌ 水… 320ml
│ 酒… 大さじ1
│ 塩… 小さじ¼
│ 味の素… 5ふり
└ かつお粉（P.9参照）… 2g
ほうれん草… 100g
　→ざく切りにして水にさらし、
　　水気をきる

仕上げる

B
┌ バター… 10g
│ しょうゆ… 小さじ2
└ こしょう… 適量

作り方

1 具材を炒める

フライパンにオリーブオイルを熱し、にんにくを炒め、ベーコンを加えてさらに炒める。

2 パスタを加えて煮る

Aを加えて沸かし、パスタを加えて5分煮て水分を飛ばす。仕上がり1分前にほうれん草を加えてからめる。

3 仕上げる

Bを加えてあえ、器に盛る。

107

きのこの塩わさびバターパスタ

ピリリとしたわさびの辛味がバターの風味を引き立てる

POINT!
きのこは
よく焼きつけて
水分を飛ばすと
香りがよい

材料 （1人分）

パスタ（1.4mm）… 100g

炒める

オリーブオイル… 小さじ1
好きなきのこ（今回はしめじ）… 100g
　→ほぐす
ツナ缶（油漬け）… ½缶（35g）
塩… ひとつまみ

煮る

　┌ 水… 320ml
　A 酒… 大さじ1
　└ 顆粒鶏ガラスープの素… 小さじ1と⅓

仕上げる

バター… 10g
わさび（チューブ）… 7cm

作り方

1 具材を炒める

フライパンにオリーブオイルを熱し、きのことツナ缶を入れて塩をふって炒める。

2 パスタを加えて煮る

Aを加えて沸かし、パスタを加えて5分煮る。

3 仕上げる

水分がなくなったら、バターとわさびを加えて混ぜる。

材料 （1人分）

パスタ（1.4㎜）… 100g

炒める

オリーブオイル… 大さじ½
しいたけ… 60g　→薄切り

煮る

A
┌ 水… 320㎖
│ 酒… 大さじ1
│ しょうゆ… 小さじ1
│ 塩… 小さじ¼
│ ハイミー（または味の素）
│ 　… 6ふり
└ かつお粉（P.9参照）… 1g

仕上げる

しょうゆ… 小さじ2
バター… 10g
大葉… 5枚　→千切り
刻み海苔… 適量

作り方

1 具材を炒める

フライパンにオリーブオイルを熱
し、しいたけを炒める。

2 パスタを加えて煮る

Aを加えて沸かし、パ
スタを加えて5分煮る。

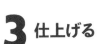

3 仕上げる

水分がなくなったら、しょうゆと
バターを加えて混ぜる。器に盛り、
大葉と刻み海苔をのせる。

至高を超えた和風大葉パスタ

フライパンだけで作るパスタなんて、の声を黙らせるウマさ

POINT!
味変で柚子こしょうを
使うのもおすすめ

なめこの和風ペペロンチーノ

なめこのもつ自然なとろみがパスタにおいしくからむ

POINT!
なめこは必ず
加熱して使うように
気をつけて

材料 （1人分）

パスタ（1.4㎜）… 100g

炒める

オリーブオイル…大さじ1
にんにく…2かけ（10g） →みじん切り
赤唐辛子…1本 →輪切り

煮る

A
┌ 水… 320㎖
│ しょうゆ、みりん…各小さじ2
│ 塩…小さじ¼
└ 味の素… 5ふり
なめこ… 1袋

仕上げる

オリーブオイル…大さじ½

作り方

1 具材を炒める

フライパンにオリーブオイルを熱し、にんにく、赤唐辛子を炒める。

2 パスタを加えて煮る

Aを加えて沸かし、パスタを加えて水分を飛ばすように5分煮る。仕上がり1分前になめこを加える。

3 仕上げる

オリーブオイルを加えて炒め合わせ、器に盛る。

マッシュルームのチーズパスタ

これはマジウマい! シンプルの極みがここにあり

POINT!
マッシュルームは
刻んで炒めれば
香り高いソースに

材料 (1人分)

パスタ (1.4mm) … 100g

炒める

マッシュルーム … 60g
　　→粗みじん切り
オリーブオイル … 小さじ1
にんにく … 1かけ (5g)
　　→つぶす

煮る

A ┌ 水 … 320ml
　└ 顆粒コンソメ … 小さじ1と1/3

仕上げる

B ┌ ピザ用チーズ … 25g
　│ バター … 10g
　└ こしょう … 適量

作り方

1 具材を炒める

フライパンにオリーブオイルを熱し、にんにくを炒め、マッシュルームを加えてさらに炒める。

2 パスタを加えて煮る

Aを加えて沸かし、パスタを加えて5分煮る。

3 仕上げる

水分がなくなったら、Bを加えてからめ、器に盛る。

たまには糖質オフ！ 超痩せパスタ

ワンパンパスタはおいしいけれど
糖質を控えたいときもあるかと思います。
そんなときは、しらたきを使った
超痩せパスタが活躍！
心もおなかも満たしてくれるスゴいレシピです

超痩せトマトソース

ものたりなさは一切なし！ まずは試してみてほしい

材料 （1人分）

しらたき…200g
　→ぬるま湯で洗って半分に切る
オリーブオイル…大さじ1
にんにく…2かけ（10g）　→みじん切り
ベーコン…40g　→短冊切り
顆粒コンソメ…小さじ1と⅓
　┌ トマト缶（ホール）…½缶（200g）
A 砂糖…小さじ½
　└ こしょう…適量
塩…ひとつまみ
オリーブオイル、乾燥パセリ…各適量

作り方

1 フライパンにオリーブオイルを熱し、にんにくとベーコンを炒める。しらたきとコンソメを加えて炒め、水分を飛ばす。

2 Aを加えて沸かし、塩を加えて水分が飛ぶまでトマトをつぶしながら強火で5分煮る。

3 器に盛ってオリーブオイルを回しかけ、パセリをふる。

POINT!
しらたきは
洗ったらよく炒って
水分を飛ばし、
それから味を
入れていく

超痩せカルボナーラ

こってり系のカルボナーラも糖質オフで罪悪感なし!?

材料 （1人分）

しらたき…200g
　→ぬるま湯で洗って半分に切る
オリーブオイル…大さじ1
にんにく…1かけ（5g）　→みじん切り
ベーコン…40g　→短冊切り
顆粒コンソメ…小さじ1と⅓
ピザ用チーズ…35g
溶き卵…1個分
こしょう…適量

作り方

1 フライパンにオリーブオイルを熱し、にんにくとベーコンを炒める。しらたきとコンソメを加えて炒め、水分を飛ばす。

2 火を止めてフライパンを少し冷ましてからピザ用チーズと溶き卵を加え混ぜ、半熟状にする。器に盛り、こしょうをふる。

POINT!
チーズと卵は
火を止めて少し
冷ましてから混ぜると、
クリーミーに仕上がる

超痩せトマトソース

超痩せカルボナーラ

和風きのこパスタ風しらたき

しらたきの納豆パスタ

和風きのこパスタ風しらたき

きのこの旨味に、柚子こしょうをピリリと効かせて

材料 (1人分)

しらたき…200g
　→ぬるま湯で洗って半分に切る
オリーブオイル…大さじ1
ベーコン…40g　→短冊切り
しめじ…½パック (50g)　→ほぐす
A「めんつゆ (3倍濃縮)…大さじ2
　└ しょうゆ…小さじ1
柚子こしょう…少し
こしょう、刻みねぎ…各適量

作り方

1 フライパンにオリーブオイルを熱し、ベーコンとしめじを炒める。しらたきとAを加えて煮つめる。

2 柚子こしょうをからめてこしょうをふる。器に盛り、刻みねぎをのせる。

POINT!
オリーブオイルの香りで洋風テイストに変身。好きなきのこで作ってもOK！

しらたきの納豆パスタ

定番の和風味パスタもしらたきで楽しめる！

材料 (1人分)

しらたき…200g
　→ぬるま湯で洗って半分に切る
オリーブオイル…大さじ1
にんにく…1かけ (5g)　→みじん切り
A「納豆付属のたれ…1袋
　│ しょうゆ…小さじ2
　│ 塩…ひとつまみ
　└ 味の素…4ふり
納豆…1パック　→包丁でたたく
長ねぎ…30g　→斜め切り
オリーブオイル…小さじ1
刻み海苔、七味唐辛子…各適量
納豆付属の辛子…1袋

作り方

1 フライパンにオリーブオイルを熱し、にんにくを炒める。しらたきとAを加えて炒め、水分を飛ばす。納豆と長ネギを加えてさらに炒める。

2 オリーブオイルをからめて器に盛り、刻み海苔をのせ、七味唐辛子をふる。付属の辛子を添える。

POINT!
味をしっかりしみ込ませてから納豆とねぎを加える。納豆の辛子は捨てずにトッピングに！

しらたきボロネーゼ

濃厚ミートソースとしらたきがおいしくマッチ！

材料 （1人分）

しらたき…200g　→ぬるま湯で洗って半分に切る
オリーブオイル…小さじ2
合いびき肉…80g　→味つき塩こしょうをふる
にんにく…1かけ(5g)　→みじん切り
玉ねぎ…¼個(50g)　→みじん切り
顆粒コンソメ…小さじ2
トマトジュース（無塩）…150㎖
こしょう、オリーブオイル、乾燥パセリ…各適量

作り方

1 フライパンにオリーブオイルを熱し、ひき肉を炒め、にんにくと玉ねぎを加えて炒める。しらたきとコンソメを加えてよく炒め、水分を飛ばす。

2 トマトジュースを加えて煮つめる。

3 こしょうとオリーブオイルをからめて器に盛り、パセリをふる。

POINT!
しらたきの
水分を飛ばしてから
トマトジュースを投入！
旨味をしっかり
吸わせる

あと1品ほしい！ときの

おかずとスープ

PART 6

パスタだけじゃものたりない。
そんなときにうれしい、
簡単サブおかずとスープをご紹介。
ワンパンパスタと組み合わせれば、
いつものランチが一気にランクアップ！

材料 （作りやすい分量）

アボカド…1個　→種を除く
絹ごし豆腐…½丁（150g）

A
┌ にんにく…½かけ（2.5g）　→すりおろす
│ ごま油…小さじ2
│ しょうゆ…小さじ1
│ レモン汁…小さじ½
│ 砂糖…小さじ⅓
│ 塩…小さじ¼
└ 味の素…3ふり

刻み海苔、白いりごま、七味唐辛子…各適量

作り方

1 アボカド、豆腐はスプーンで大きくひと口大にすくい、ボウルに入れる。

2 Aを加えて混ぜ、器に盛る。刻み海苔を散らし、ごまと七味唐辛子をふる。

POINT!
包丁の代わりにスプーンを使えばラクだし、味もよくからむ

無限アボカド豆腐サラダ

切らずにラフに！がポイント

無限にんじん

ほんのりカレー味が食欲をそそる

材料 （作りやすい分量）

にんじん…1本（150g）　→千切り

A
┌ ツナ缶（油漬け）…½缶（35g）
│　→缶汁をきる
│ ごま油…大さじ1
│ 塩…小さじ⅓
│ カレー粉…小さじ¼
│ 砂糖…ひとつまみ
│ 味の素…6ふり
└ こしょう…適量

こしょう、タバスコ…各適量

作り方

1 耐熱容器ににんじんを入れてふんわりとラップをかけ、電子レンジ（600W）で2分20秒加熱する。

2 ボウルにAを入れて混ぜ、**1**を加えてあえる。器に盛り、こしょうとタバスコをふる。

無限ツナマヨもやし

もやしは、水気をよーく絞ってください

材料 （作りやすい分量）

もやし…1袋（200g）

ツナ缶（油漬け）…½缶（35g）

A
┌ マヨネーズ…30g
│ 顆粒鶏ガラスープの素…小さじ⅔
└ こしょう…適量

こしょう（好みで）…適量

作り方

1 耐熱容器にもやしを入れてふんわりとラップをかけ、電子レンジ（600W）で2分20秒加熱する。水で冷やし、水気を絞る。

2 ボウルにツナ缶とAを入れて混ぜ、**1**を加えてあえる。器に盛り、好みでこしょうをふる。

タコとセロリの塩マリネ

食感の違いがおいしくて楽しい!

ゆでダコ… 100g　→ひと口大に切る

セロリ… 120g　→斜め切り

A
- 水…大さじ1と⅓
- にんにく… 1かけ（5g）　→すりおろす
- 顆粒鶏ガラスープの素…大さじ½
- 砂糖…小さじ½

B
- オリーブオイル…大さじ1
- レモン汁…大さじ½
- こしょう…適量

こしょう（好みで）…適量

作り方

1 耐熱容器に**A**を入れて電子レンジ（600W）で40秒加熱し、**B**を加え混ぜてドレッシングにする。

2 タコとセロリを加えてあえ、器に盛る。好みでこしょうをふる。

トマトの薬味あえ

たっぷりのみょうがと大葉がさわやか!

材 料（作りやすい分量）

トマト… 2個（320g）　→ざく切り

みょうが… 30g　→薄切り

A
- ごま油…大さじ1
- ほんだし…大さじ½
- しょうゆ…小さじ1
- 砂糖…小さじ½
- 塩…ひとつまみ

大葉…適量　→千切り

作り方

1 ボウルにトマトとみょうがを入れ、**A**を加えてあえる。

2 器に盛り、大葉をのせる。

長ねぎと生ハムのマリネ

長ねぎは加熱して甘味を引き出す

材料 （作りやすい分量）

長ねぎ…2本（正味150g）　→ぶつ切り
生ハム…30g　→大きければ切る

- オリーブオイル、酢…各大さじ1
- 砂糖…小さじ1
- A　塩…小さじ1/5
- 味の素…4ふり
- こしょう…適量

こしょう（好みで）…適量

作り方

1 耐熱容器に長ねぎを入れてふんわりとラップをかけ、電子レンジ（600W）で3分加熱する。**A**を加えて混ぜ、そのまま冷ます。

2 生ハムを加えてあえ、器に盛る。好みでこしょうをふる。

材料 （作りやすい分量）

なす…大2個（200g）

- カニかま…30g　→手で裂く
- オリーブオイル…大さじ1
- 顆粒コンソメ、レモン汁
- A　　…各小さじ1弱
- しょうゆ…小さじ1/2
- こしょう…適量

作り方

1 なすは1個ずつラップで包み、電子レンジ（600W）で3分30秒加熱する。粗熱を取り、手で裂いてボウルに入れる。

2 **A**を加えてあえ、器に盛る。

トロトロなすのオリーブオイルマリネ

なすはレンチンが正解！手で裂くと味がなじみやすい

本当においしい
だし漬けオクラ

アツアツのだしをかけて、
味をしみ込ませます

材料（作りやすい分量）

オクラ…3〜4パック（300g）
塩…適量
A［
水…200㎖
塩…小さじ1
味の素…5ふり
かつお粉（P.9参照）…3g
］
赤唐辛子…1本　→輪切り

作り方

1 オクラは塩を加えた湯で1分20秒ゆで、湯をきって耐熱の保存容器に入れる。

2 小鍋にAを入れて沸かし、1にかける。赤唐辛子を加え、粗熱が取れたら冷蔵庫で3時間ほど漬ける。

本当においしい
きのこの焼きびたし

きのこは何種類か
組み合わせて深い味わいに

材料（作りやすい分量）

しめじ、エリンギ、まいたけ…合わせて400g
　→食べやすくほぐすか切る
サラダ油…大さじ2
A［
しょうゆ、みりん…各大さじ2
酒…大さじ1
砂糖…小さじ1
味の素…3ふり
かつお粉（P.9参照）…3g
］
水…140㎖
赤唐辛子…適量　→輪切り

作り方

1 フライパンにサラダ油を熱し、しめじ、エリンギ、まいたけを焦げ目がつくまで焼き、耐熱の保存容器に入れる。

2 小鍋にAを入れて沸かし、分量の水を加えて再び沸騰させる。1にかけ、赤唐辛子を散らし、粗熱が取れたら冷蔵庫で冷やす。好みでレモンを入れても。

ピーマンのやみつき漬け

焼いたピーマンの苦味と甘味が絶妙！

材料 （作りやすい分量）

ピーマン…大6個（300g）
　　→縦に食べやすく切る
ごま油…大さじ1
塩…ひとつまみ

A ┌ これ！うま!!つゆ（または白だし）、
　│ 　水…各大さじ4
　│ 赤唐辛子…適量　→輪切り
　└ かつお粉（P.9参照）…適量

作り方

1 フライパンにごま油を熱し、ピーマンを入れ、塩をふって焼く。

2 耐熱の保存容器に入れ、Aを加えて漬ける。

やみつきブロッコリー漬け

生姜の効いたピリ辛味がたまらない！

材料 （作りやすい分量）

ブロッコリー…1個（正味250g）　→小房に分ける

A ┌ 水…130mℓ
　│ 白だし…50mℓ
　│ 生姜…5g　→みじん切り
　└ 赤唐辛子…1本　→輪切り

作り方

1 耐熱容器にブロッコリーを入れてふんわりとラップをかけ、電子レンジ（600W）で3分加熱する。

2 Aを加えて混ぜ、30分漬ける。好みでラー油かごま油をかけても。

スープ＆汁物

フレッシュトマトとにんにくのスープ

トマトはしっかり炒めて甘味を凝縮！

材料 （2〜3人分）

トマト…2個(320g) →ざく切り
にんにく…2かけ(10g) →みじん切り
オリーブオイル…大さじ1
ベーコン…70g →短冊切り
- 水…400㎖
- A　顆粒コンソメ…大さじ1
- しょうゆ…大さじ½
こしょう、オリーブオイル、乾燥パセリ
…各適量

作り方

1 フライパンにオリーブオイルを熱し、にんにくとベーコンを炒める。トマトを加えてくずれるまでしっかり炒める。

2 Aを加えて沸かし、こしょうをふる。器に盛り、オリーブオイルを回しかけ、パセリをふる。

POINT!
熟したトマトを使うと、炒めたときにくずれやすくて旨味もある

海苔もやしスープ

材料を一緒に煮るだけで完成！簡単なのに味は極上

材料 （2〜3人分）

もやし…1袋(200g)
焼き海苔…全形1枚 →ちぎる
- 水…500㎖
- しょうゆ…大さじ½
- A　ごま油…小さじ2
- 顆粒鶏ガラスープの素、ほんだし
- …各小さじ1
こしょう…適量

作り方

小鍋にもやしとA、海苔を入れて沸かす。器に盛り、こしょうをふる。

材料（2〜3人分）

鶏ひき肉…150g
オクラ…1パック（80g）　→小口切り
塩、こしょう…各適量
水…500㎖

A
┌ 顆粒鶏ガラスープの素
│　　…小さじ2と½
│ 酢…大さじ1
└ しょうゆ…大さじ½

ごま油…小さじ2
こしょう、ラー油…各適量

作り方

1 フライパンにひき肉を入れ、塩、こしょうをふって炒める。

2 分量の水とオクラを加えて沸かし、**A**を加える。仕上げにごま油、こしょうをふって器に盛り、ラー油を回しかける。

ひき肉とオクラの
中華スープ
オクラのとろみで食べる優しい味わいが魅力

シーフードチャウダー
魚介の旨味満載のじゃがいもスープ

POINT!
じゃがいもは
フライパンの中で
つぶせばOK！
なめらかな
ポタージュに

材料（2〜3人分）

シーフードミックス…200g
　→塩水で解凍する
オリーブオイル…小さじ1
じゃがいも…1〜2個（180g）
　→みじん切り

A
┌ 水…200㎖
└ 顆粒コンソメ…小さじ2と½

牛乳…300㎖
塩、こしょう…各適量

作り方

1 フライパンにオリーブオイルを熱し、じゃがいもを炒める。**A**を加えてふたをし、10分煮る。

2 **1**のじゃがいもをマッシャー（またはフォーク）でつぶし、シーフードミックスと牛乳を加えて沸かす。塩、こしょうで味をととのえ、器に盛る。好みでこしょうをふる。

レンジで作る豚吸い

食べたいときに材料を
インすればすぐ作れる！

POINT!
材料を入れてふんわり
ラップをかけたら、
あとは電子レンジに
おまかせ！

材料 （1人分）

豚バラ薄切り肉…80g
　→食べやすく切る
絹ごし豆腐…½丁（150g）
水…250㎖
A ┌ これ！うま!!つゆ（または白だし）
　│ 　…大さじ1と⅔
　│ 酒…小さじ2
　│ みりん…大さじ½
　│ しょうゆ…小さじ½
　└ 塩…少し
刻みねぎ、七味唐辛子…各適量

作り方

1 耐熱の丼に豆腐をスプーンですく
い入れ、分量の水を注ぐ。豚肉を
のせ、Aを加えてふんわりとラッ
プをかけ、電子レンジ（600W）で
7分加熱する。

2 刻みねぎを散らし、七味唐辛子を
ふる。

究極の卵スープ

卵をくずしながら
油揚げとからめて食べて

材料 （2〜3人分）

卵…3〜4個
A ┌ 水…500㎖
　│ 油揚げ…3枚　→細切り
　│ 顆粒鶏ガラスープの素…小さじ2
　│ しょうゆ…大さじ½
　└ ほんだし…小さじ1
刻みねぎ…適量

作り方

1 小鍋にAを入れて沸かし、卵を割り
入れて半熟状にする。

2 器に盛り、刻みねぎを散らす。

トマトと豆乳の冷製だしポタージュ

火を使わずに作れるのがうれしい！

材料（1〜2人分）

トマト…小1個（120g）

A ［ 豆乳（無調整）…100㎖
これ!うま!!つゆ
（または白だし）…大さじ1
塩…少し ］

オリーブオイル…小さじ2
乾燥パセリ、こしょう…各適量

作り方

1 トマトはミキサーで撹拌するか包丁で細かくたたき、Aを混ぜ合わせる。

2 器に盛り、オリーブオイルを回しかけ、パセリとこしょうをふる。

材料（3〜4人分）

豚こま切れ肉…220g

水…700㎖

A ［ にんじん…1本（150g） →薄い半月切り
こんにゃく…1枚（200g）
→スプーンでひと口大にちぎる
大根…200g →いちょう切り
ごぼう…1〜2本（150g） →斜め薄切り
好みのきのこ（今回はしめじ）…100g
→ほぐす ］

ほんだし…大さじ1

長ねぎ…1本（120g）
→縦半分にして斜め切り

みそ…大さじ1

作り方

1 鍋に分量の水とAを入れ、ほんだしを加えてふたをして煮る。

2 具材がやわらかくなったら、豚肉と長ねぎを加えて火をとおし、みそを溶かし入れる。

脂肪燃焼豚汁

肉も野菜もたっぷり！
心がホッとする優しい味わい

リュウジ

料理研究家。TV・漫画のレシピ監修や、食品メーカー、大手スーパーマーケット等とのタイアップによるレシピ開発、講演等を多数手がける。「今日食べたいものを今日作る！」をコンセプトに日夜更新する「簡単・爆速レシピ」が人気を集める。『やみつきバズレシピ』、『バズレシピ 太らないおかず編』が2年連続料理レシピ本大賞［料理部門］に入賞するなど受賞多数。

X (旧：Twitter)	@ore825
Instagram	@ryuji_foodlabo
YouTube	「料理研究家リュウジのバズレシピ」
HP	「バズレシピ.com」 https://bazurecipe.com/

本気の（マジ）
ワンパンパスタ

発行日　2024年4月6日　初版第1刷発行

著者　　リュウジ

発行者　小池英彦

発行所　株式会社 扶桑社
　　　　〒105-8070
　　　　東京都港区海岸1-2-20　汐留ビルディング
　　　　電話　03-5843-8842（編集）
　　　　　　　03-5843-8143（メールセンター）
　　　　www.fusosha.co.jp

印刷・製本　TOPPAN株式会社

STAFF

ブックデザイン／蓮尾真沙子 (tri)
撮影／難波雄史
スタイリング／宮田桃子
料理アシスタント／双松桃子 (@momosan0627)
　　　　　　　　　宗像里菜 (@rina_rinanowa)
撮影協力／たつや　ちょも　たかお
DTP／ビュロー平林
校正／小出美由規
取材・文／林 由香理
編集／小澤素子 (扶桑社)

＊本書に掲載しているレシピと動画で紹介しているレシピは一部異なるところがあります。
＊レシピの動画の配信は予告なく終了する場合があります。予めご了承ください。
＊QRコードはデンソーウェーブの商標です。